怡情悦性 静德修身

高校校园文化与当代美育研究

李佳 陈琦 著

天津出版传媒集团

天津科学技术出版社

图书在版编目（CIP）数据

怡情悦性　静德修身：高校校园文化与当代美育研究 / 李佳，陈琦著. -- 天津：天津科学技术出版社，2023.3

ISBN 978-7-5742-0830-8

Ⅰ.①怡… Ⅱ.①李… ②陈… Ⅲ.①高等学校 – 校园文化 – 建设 – 研究 ②美育 – 教学研究 – 高等学校 Ⅳ.①G647 ②G40-014

中国国家版本馆CIP数据核字(2023)第022810号

怡情悦性　静德修身：高校校园文化与当代美育研究
YIQINGYUEXING　JINGDEXIUSHEN：GAOXIAO
XIAOYUAN WENHUA YU DANGDAI MEIYU YANJIU

责任编辑：马　悦
责任印制：兰　毅
出　　版：天津出版传媒集团
　　　　　天津科学技术出版社
地　　址：天津市西康路35号
邮　　编：300051
电　　话：（022）23332490
网　　址：www.tjkjcbs.com.cn
发　　行：新华书店经销
印　　刷：定州启航印刷有限公司

开本 710×1000　1/16　印张 12.75　字数 210 000
2023年3月第1版第1次印刷
定价：78.00元

◇ 前　言 ◇

学校美育是培根铸魂的工作，在新时代发展背景下具有重大意义。本书创新性地将校园文化与美育结合，用文化这种形式重新诠释美育的现代理念。树立一种大美育观，一种文化美育的思想，不仅是对当代美育的全新思考，也是健全教育生态的必经之路。大学时期是人成长的重要阶段，美育在促进大学生全面发展中有着不可替代的作用。高校美育作为美育体系中的一个较高层级，更为责重事繁，承载着审美教育的深化、拓展和提高等重任。同样，高校校园文化发挥着重要的美育作用，在引导大学生树立正确的人生观、价值观和规范学生品行方面具有重要意义。校园文化作为大学校园精神以及培养这种精神所需要的文化环境的总和，包括物质文化、精神文化、管理文化，集中表现为一种共同的行为准则、价值观念和道德规范。校园文化具有先导、辐射、熏陶、教育、约束等功能，在大学发展中具有举足轻重的作用。本书通过对校园文化建设的系统剖析，挖掘校园文化建设潜在的美学意蕴，从而进一步对现状进行深层次的思考，在理论中提升大学生的美学素养和文化素养，在实践中提升自身的行为力和判断力；通过对校园环境育人的美育思考，彰显物质文化建设在校园文化建设中的显性审美力，从而注重审美教育，加强校园精神文化建设，在潜移默化中使精神需要得到升华和再创造，通过以人为本和无为而治的策略构建诗意的柔性的大学校园管理文化体系。

全书共分七章。第一章对高校校园文化进行了概述；第二章是关于高校校园文化育人功能的阐释；第三章对高校校园文化建设主体展开深入分析；第四章阐述了高校校园文化建设及创新探索；第五章对美育与高校美育进行了阐释分析；第六章主要分析了高校美育课程设计的相关问题；第七章论述了美育视角下校园文化的构建与大学生素养的提升等相关问题。全书集系统性、科学性、新颖性于一体，知识性、趣味性强，语言描述准确，章节划分得体，结构体系完整，能够为高校校园文化建设及美育教育提供合理建议和科学指导。

本书在撰写过程中参考了一些专家、学者的研究成果和著作，在此表示衷心的感谢。由于时间仓促，水平有限，不足和缺陷之处在所难免，恳切希望广大读者、专家批评指正。

◇ 目　录 ◇

第一章　高校校园文化概述 ……………………………………… 001

第一节　高校校园文化的内涵 …………………………… 001

第二节　高校校园文化的特征与价值 …………………… 004

第三节　高校校园文化建设的原则及重要意义 ………… 010

第二章　高校校园文化的育人功能 …………………………… 015

第一节　高校校园文化育人功能及表现形式 …………… 015

第二节　高校校园文化育人功能发挥的内在机理 ……… 018

第三节　高校校园文化育人功能发挥的时代要求 ……… 028

第四节　高校校园文化育人功能发挥的策略 …………… 035

第三章　高校校园文化建设主体分析 ………………………… 047

第一节　高校校园文化建设主体的作用及多元性 ……… 047

第二节　大学生在高校校园文化建设中主体性的发挥 … 049

第三节　教师在高校校园文化建设中主体性的发挥 …… 060

第四章　高校校园文化建设及创新探索 ……………………… 065

第一节　高校校园文化建设的战略定位及思路 ………… 065

第二节　高校校园文化建设取得的成绩 ………………… 071

第三节　高校校园文化建设的创新路径 ………………… 073

第五章　美育与高校美育概述 ………………………………… 089

第一节　美育概述 ………………………………………… 089

第二节　美育与德育、智育、体育的关系论述 ………… 097

第三节　高校开展美育的重要作用..................................100

第四节　高校美育的本质特征及具体开展对策..............106

第六章　高校美育课程设计探析..115

第一节　高校美育课程的目标与内容.....................115

第二节　高校美育课程设计依据.........................125

第三节　高校美育课程设计思路.........................131

第四节　高校美育课程保障体系.........................149

第七章　美育视角下校园文化的构建与大学生素养的提升.......159

第一节　高校校园文化的审美功能......................159

第二节　基于审美视角的校园文化构建.....................163

第三节　大学生审美素养的生成特征及生成机制..........171

第四节　提升大学生审美素养的具体路径.....................177

参考文献..195

第一章　高校校园文化概述

第一节　高校校园文化的内涵

文化是社会历史发展过程中精神财富与物质财富的总和。它由人类创造。在人类文明不断进步和人类探索范围不断扩大的情况下，文化的内涵也变得越来越丰富，其种类也越来越多。而高校校园文化属于社会主义先进文化的一个组成部分，不但有着高校校园的独特特征，还有先进文化的普遍特征。关于什么是高校校园文化，大家都有着不同的观点。本书所关注的高校校园文化，简而言之，它在高校产生，并随着高校的发展遍布在高校的各个发展领域，它是一个学校历经长期的发展所沉淀下来的精神与物质财富的总和。在不同时期内，高校校园文化随着高校的发展和变革也不断地被更新，并提炼出高校特有的精神作为内在核心。在校职工、学校创始者和学生是高校教育活动的主体，他们将为社会培养或输送人才作为目标。当前，中国特色社会主义已进入新的时代。对高校来说，它在历史发展中具有新的地位，具有里程碑性的意义，更是超越了社会主义核心价值观带来的引领和辐射。在社会主流思想文化的影响下，高校校园文化已成为一个重要的课题。下面我们先来梳理一下校园文化的基本内涵。

新时代的校园文化基本上可以分为物质、精神、行为、制度、网络这五个方面的文化。

高校物质文化是文化内涵的外在表现，它体现着大学给外界的形象，是大学整体风貌和教学理念的展现，在评价一所大学的好与坏时，校园文化为我们提供了依据，它关系到这所学校的教学质量和以后为社会培养的人才的质量。高校物质文化包含了很多的内容，现在我们从两个主要的方面来介绍，即物质环境与自然环境。一方面，生活的基础设施和教学的基础设施组成了物质环境。实验室、学校教学楼等，这些都属于教学的基础设施，它与学校主体的工作、学习密不可分，其是否完善直接对学生的学习效果与生活质量造成影响。生活的基础设施主要指的是学生休闲和娱乐的设施与场地。比如，学生休息的长亭、操场、校园咖啡厅等。另一方面主要是指像昆虫、植被、池塘等这类自然环境，这些看似与教育不相关的设施与景物，实则会在学生的人格培养方面发挥着重要的作用，它们从各个方面以物化的形式展现学校的教育思想。

高校精神文化是高校校园文化的灵魂与内核。一所大学在其初期发展阶段，有很多精神的体现。其所概括的大学精神，必将成为大学整体精神追求的最佳代表，体现教职工"教"与学生"学"的精神，并展现一个学校办学历史所蕴含的精神。每所大学都有自己独有的精神文化，精神文化是一所学校的独特象征，它体现在学校教职工和学生同意遵循和自觉追求的道德情操和价值观上，主要表现在：第一，一所大学的办学理念和价值上的追求通过不同时期的沉淀与革新，产生了独有的大学精神，它是大学在精神上追求的体现，如校歌、校训等。在历史发展进程中诞生的大学精神是优良的思想精华，为提高学生的思想品质提供了良好的基础。它顺应时代发展，遵循人类社会发展的客观规律。而且，它是学校创始人雄心壮志的体现，融入了几代学校建设者的心血。它体现了老一辈的志向，照亮了下一代的光明之路。可见，大学精神在大学文化中占有不可缺少的地位，大学的良好发展有赖于大学精神提供源源不断的力量。第二，学生学习的学风、教师教学的教风以及学校的校风。学风是一所学校里学生整体学习态度的体现。学风的形成受各种因素的影响，如区域环境、领导是否重视、教师监督是否到位、学生执行的好与坏等，这些因素都深深影响着学风的形成；每一所大学都有其所特有的、与其他学校有所不同的风气，这种风气就是校风。它是一所大学精神风貌和状态的体现。校风一般是比较稳定的，不容易被外界所影响。大学的性质不同，导致了其校风也有所不同。相对来说，文科大学的校风偏向于人文关怀，其校风充满了感性气息，而理工类的大学具有比较严谨的校风。第三，思想政治工作。思想政治工作关系到培养怎样的人、如何培养和为谁培养等问题。

中国共产党自诞生以来，始终高度关注思想政治工作，将培养为实现社会主义理想而奋斗的人，为建设祖国而无私奉献的人作为工作重心。因为成长环境和时代背景等方面都有所不同，所以人们接受的教育不同，思想启蒙不同，每个人在不同的成长阶段，其智力发展和思想意识也会因为这些因素而产生差异。因此，我们要想团结人民，众志成城，就必须要解决分歧，尽可能地统一思想，对各行各业都要做思想工作，以确保民众对社会主流思想产生最大程度的认同。

高校行为文化是一种以校园活动为依托、以理论为导向、以行动为表现、展现理论引导力的文化。它借助于学校的设施和场地，直接体现了校园精神，它贯穿于校园制度，对主体的行为进行规范。高校行为文化主要包括以下几个方面：师生之间的授课和学习活动；师生之间的教学、科研活动；以学生为主体，以提高其综合素质为重点的校园文化活动；同样以学生为主体而开展的社会实践活动。

高校制度文化是高校根据自身特点逐步产生的独特精神、文化和理念。它以维护学校有序运行和发展、规范学校人员关系为目的。它是高校思想体系的一部分，在高校的生存与发展中发挥着不可或缺的作用。维护师生权益、符合时代要求的学院制度，能够促进学校与师生之间产生良性的互动，营造友好和谐的校园氛围，展现学校积极向上的价值观。

高校网络文化也属于一种校园文化，它以网络信息为主要形式，其主要参与者是学生和老师，主要内容是网上学习和沟通交流。如今是网络盛行的时代，各种新型的电子产品应运而生，遍布在现代人的日常生活中。高校网络文化属于一种新的文化形态，它在校园文化建设中拥有着越来越重要的地位。高校如果想要在校园文化中融入核心价值观，就必须使高校的广大师生了解核心价值观的内涵，积极搭建网络思想政治平台，通过网络文化来了解学生的内心活动和生活方式。不论是在线下还是在线上，高校都要积极开展思想政治工作，使网络建设的载体功能得到最大限度的发挥。

第二节　高校校园文化的特征与价值

一、高校校园文化的特征

经过学校的长期发展，高校校园文化也在此过程中形成了独有的特色，这种特色是在学校、教师和学生三者共同努力下形成的，这是因为校园环境本身就是作为一种文化而存在的。在校园环境里发生的各种校园行为是人类成长的见证。人类在成长过程中做出的选择，慢慢凝聚成校园文化的雏形，经过师生世代相传，促使高校校园文化得以产生。由于大学校园的出现，大学校园文化才得以形成，并以文化形态的形式存在于校园中。从本质上讲，校园文化有着鲜明的审美特征，其他文化是不具备这一点的。这是因为：第一，校园文化是物质文化与精神文化、管理文化相结合的；第二，校园环境中的校园行为是有着校园文化的审美、学习等各种因素的；第三，校园文化具有独特的审美特性，如建筑之美。所以，校园文化之美已经渗透到人文之中，使校园文化里的精神文化具备了明显的审美特征。

（一）教育性与指导性

良好的校园文化的形成能够引导师生树立正确的价值观，还能对师生的个体行为进行规范，使个体和学校的价值观得到统一。取得这一成果的原因有很多。比如，学校重视管理、制定合理的规章制度、重视精神文化的思想指导功能。这一过程是校园文化的教育性和引导性的充分体现，学校在校园文化的积极影响下开展教与学的活动和多种多样的文娱活动，旨在把校园文化进一步融入学生的价值观里，减少学生对应试教育的抵触情绪，同时能使学生积极健康地成长。

自党的十八大召开以来，中国特色社会主义文化建设在社会主义核心价值观的引领下，正在不断加快发展的步伐。高校作为我国最高水平的教育机构，应为建设中国特色社会主义输送更多、更优秀的人才。所以，高校校园文化的建设一定要有明确的目标：办学要坚定走社会主义的方向；提高学生的科学水平；坚定社会主义核心价值观；增强学子的创新精神；培养爱国主义精神。以校园文化建设的目标为依据，确立校园文化的方向，那就是建设健康、科学、先进、高尚的校园文化，将学生培养成高素质的、有着明显审美能力的个体，能够自觉抵制腐朽落后文化的侵蚀，能够通过社会主义核心价值观的指导，明确精神文明建设的方向，自觉产生建设精神文明的动力。在进行建设时，校园文化要具备丰富且鲜明的精神内涵，努力使建设主体向全面发展的方向发展，高校要配合组织多姿多彩的教学活动，在传授和掌握理论知识的基础上，提高教师和学生的审美能力，促进其身心健康、向上地发展。

（二）批判性与超前性

人们所生活的社会环境对其成长和发展具有至关重要的作用。所以，对于学生的成长而言，学校要致力于校园文化环境的建设，营造美好、积极、向上的校园环境。在此过程中，学校的建筑、景观、雕塑等作为物质文化载体要向教师和学生传达正确的价值观。通过校园文化的熏陶，学生的思想道德水平才能得以提高。校园环境的建设能够为校园文化营造良好的文化氛围，使师生能够高度认同学校，进而高度认同校园文化，学校再通过校园文化的精神力量对教师和学生进行思想上的教育，然后对学生和老师的行为进行规范，并逐步养成正确的行为规范，才可以使学生和老师在校园文化的滋养中产生正能量。在整个社会文化当中，校园文化属于社会文化的一部分，是社会文化的亚文化。所以，校园文化是超前的，同时它也具有批判性，原因在于高校使师生和社会产生了联系，在高校中，教师更关注于理论知识的传授与研究，学生也以掌握理论知识作为重要的学习目标，虽与社会有关联但又很少接触社会。所以，高校的校园文化具有批判意味，会评判社会上的不良现象，旨在引导学生树立正确的思想观念，规范自己的行为举止。校园文化不仅可以促进高校未来的发展，也是为了满足社会对人才的需求，这就体现了校园文化的超前性。所以，高校在校园文化建设中，要将社会主义核心价值观融入进去，在文化领域要以引导者的姿态发挥先锋作用，从而推动社会文化的发展。

（三）继承性与创新性

校园文化属于亚文化，它不仅具有独特的信念，而且有独有的价值观。

校园文化在不断的传承和创新中具备了越来越多的综合功能。高校从改革以后，其招生的范围在不断扩大，有越来越多的学生可以进入高校学习。但是由此也出现了一个新的问题，那就是学生由于不同层次的原因文化差异也相对较大。而且，中国在改革开放以后，很多西方的文化涌入中国，使校园文化变得更加多元。因此，高校需要对校园文化进行创新，使不同文化之间的差异得到协调，并呈现均衡发展的趋势，这样高校校园文化建设才能达到一个新高度。校园文化不仅要对原有的文化进行传承，还要在此基础上有所创新，与西方优秀文化融合，结合高校开展的思想教育活动，使学生更加认同高校文化，并增强其归属感。学生和老师的个人行为都是所在学校校园文化管理制度和价值观的体现，再加上高校师生通常都有着良好的素质，所以在待人处事上，更能体现出高校校园文化的优秀，在价值观上，高校师生有着更高层次的精神追求，不会习以成俗，无所突破。并且，校园文化建设要有传承性，就是在传承校园文化的基础上，要以全体师生为主体，对校园文化进行创新。营造独具特色的校园文化。校园文化的顺利建成是全体师生的共同目标。高校在制定管理制度时，要以有关部门的规定为依据，并结合学校的培养目标和自身发展的目标，精心设计和规划校园文化体系来推动校园文化的建设。并且，校园文化建设还要对社会中的不良风气加以抵制，在融合外来文化时，吸收好的方面，摒弃消极的内容。

校园文化并不是独立的，它属于社会文化的一个组成部分。除了其他文化会对校园文化的发展产生影响之外，社会主流文化对其影响更大，校园文化如果脱离了主流文化就不会存在。由于社会主义文化的影响，校园文化变得更加具有包容性。在高等教育逐渐普及的情况下，高校之间的联系也变得更加密切，独立办学已不适用于当今社会的发展，联合办学、联合进行科学研究成为主流。而且，我国的大学与国外大学的互动也日益频繁，不只是国外大学文化影响着我国的校园文化，我国的校园文化也对国外的大学和社会产生了影响。

随着世界各国文化交流日益密切，我国与其他国家加强了文化之间的交流和融合，校园文化也变得更加开放。高校具有开放性、包容性、多元性的特点，因此，高校的管理部门在进行校园文化建设时应该避免落入俗套，以现代化、国际化的眼光发展校园文化，落实高校管理制度，建设具有鲜明特色的高校文化，使高校文化不仅能够很好地继承以往校园文化中的精髓，还能在此基础上创新，只有这样，高校才能不断发展，才能真正具有鲜活的生命力。

二、高校校园文化的价值

（一）高校思想政治教育的主要载体

高校校园文化与思想政治教育工作是相互联系、相互融合和相互依赖的。站在高校校园文化的角度来说，它的核心层面——精神层面包括办学目标、教育理念、学校道德、学风校风等，这均属于高校思想政治工作范畴；高校校园文化的形成和实施也离不开思想政治教育工作提供保障。从学校思想政治工作的角度来看，它的大部分内容是和学校的教育工作直接相关的，这些内容可以归为大学校园文化的范畴。

根据高校校园文化和思想政治教育之间的关系来说，高校校园文化建设是高校思想政治教育与管理工作紧密结合的最佳形式，是开展思想政治教育工作的主要载体和有效途径。高校校园文化形象地体现了高校的人文精神，并将其融入学生的实践活动中来，因此其育人的功能是不能代替的。高校校园文化将教书育人、服务育人、管理育人和环境育人进行有效的结合，形成大德育模式，营造出功能互补的全员育人环境。广大青年学生在良好的高校校园文化氛围中，自觉或不自觉地受其影响和熏陶，逐步升华和完善自己。高校校园文化有利于促进大学生社会化的进程，因为它不仅重视对学生人格的培养，也为他们自己的个性发展提供了机会和空间，使学生在接触社会、增强才干和体验人生的过程中加快自身的社会化发展。

从高校校园文化活动对思想政治教育的作用看，它能通过健康愉快、生动活泼、丰富多彩的活动，直接影响人的思想和行为，使大学生受到生动形象的教育，树立正确的人生观、价值观和世界观，增长文化知识，启迪智慧，提高对社会的认识能力。而高校校园文化是思想政治教育做到形式活泼生动，内容积极向上，群众爱听、能收到潜移默化教育效果的极好载体。

（二）培养高素质人才的内在需要

当代高校都是以培养素质全面发展、有着创新能力和精神的创新型人才为目标的。加强校园文化的建设，努力营造高品质的校园文化，这对培养高素质人才有着十分重要的正面影响。

　　首先，良好的高校校园文化有利于塑造大学生高尚的道德情操、健全的人格。当代大学生的身心可塑性强，但社会经验不足，缺乏对外界复杂事物的正确分析和判断能力。他们一方面渴望成长，希望得到他人和社会的认可，另一方面感性意识强，理性意识不足，缺乏实践经验。在学生的成长过程中，博大精深的高校校园文化像一个强有力的磁场一样，对学生有极强的吸引力和感染力。高校校园文化有时是有形的，如大学校园的一草一木、一砖一瓦、校园文化活动和目不暇接的学术讲座及学识渊博、态度和蔼的学者等；有时又是无形的，如历经岁月沧桑而凝聚的文化传统和大学精神。高校校园文化不管是有形的还是无形的，都能够在大学生身心发展的过程中起到良好的滋润作用，可以更好地对大学生的思想和行为进行规范和激励，帮助大学生对自己的人格进行完善，使自身的思想道德素质得到提升。如果高校具备良好的校园文化，能够更好地引导学生的思想，陶冶学生的情感，锤炼学生的意志，塑造学生的人格，发挥环境教育的作用。高校校园文化的影响有利于培养大学生的文明行为，塑造其高贵的灵魂，全面提高他们的综合素质，并使之形成正确的"三观"以及良好的思想道德素质。

　　其次，良好的高校校园文化有助于大学生职业素质和创新能力的培养。高校有两个基本任务：第一，为社会培养人才；第二，学术创新，引领社会潮流。人才培养的主要目标不外乎两个，那就是培养"德"与"才"。社会需要大学培养的是具有完善的人格和个性、优秀的职业素质和创新能力的人才，也就是我们经常说的"德才兼备"。创新精神是一个民族想要发展应该具备的重要品质，如果一个民族没有了创新精神，就会在科技飞速发展和社会激烈竞争的时代永远落后，然后逐渐衰落。因此，高校培养的人才一定要有创新意识。创新的前提是掌握优秀的理论知识，否则创新就会成为一句空话，会成为无源之水、无本之木。高校的精神、物质、制度、行为等方面的文化在高校人才培养中有着重要地位，这对大学生专业能力的培养和创新能力的培养具有潜移默化的作用。校园文化活动还能为培养创新型人才提供渠道。例如，课堂教学是校园文化的一种表现形式，教书育人能够提高学生的专业素养和创新能力。在课堂之外，学校会根据大学生的爱好利用各种文化设施开展丰富多彩的文化活动，如知识竞赛、文化培训、文学沙龙等，开阔其视野，以丰富学生的文化知识和专业素养，使其增强创新为荣的意识。

（三）提高高校核心竞争力的重要手段

核心竞争力是伴随知识经济而产生的一个新概念，最早由美国学者普拉哈拉德和哈默尔于 1990 年在权威杂志《哈佛商业评论》发表的《公司的核心竞争力》一文中提出，高校核心竞争力是一所高校在长时间的办学实践中，通过不断积累慢慢形成并存在于学校内质中的，是学校所特有、促进学校可持续发展的核心能力。它主要表现为学校文化能力、学校凝聚力、学校办学特色、学校独有的办学资源与办学成果。它是长期形成的，具有价值潜在性、资产无形性和能力完整性等特点。它直接体现了高校的综合实力，反映了高校发展的水平、办学的质量和在社会上的声誉等。高校的核心竞争力不只是体现在有形的外在物质上，还体现在无形的大学精神上。校园文化是高校的灵魂和动力，没有先进的文化，高校就不会有竞争力与凝聚力。先进的大学校园文化可以凝聚人心，鼓舞士气，创造自由的学术氛围和以人为本的育人环境。高校校园文化的力量深深地熔铸在高校的生命力、创造力和感染力之中，是一种不可或缺的软实力，是高校赖以生存、发展和承担重大社会责任的根本保障。

自 20 世纪 90 年代中期以来，高校一直处于激烈的竞争之中。各高校之间的竞争不仅表现在硬实力上，还表现在软实力上。高校校园文化便是软实力，也是核心竞争力。国内外许多知名的高校之所以获得人们的肯定，不仅是因为其有较强的硬实力，还因为其具有较强的软实力。一所高校悠久的历史、长期形成的办学理念、声名远扬的校训、严谨的校风和学术氛围、师生中约定俗成的习惯等都透视出该校深厚的文化底蕴。硬实力是可以花钱改善的，软实力是无形资产，软实力建设起来更难、更重要。高校校园文化是一种精神，是引导人、激励人、鼓舞人的内在动力。大学精神不是自发形成的，也不是一蹴而就的，它需要历史的积累、传承和创造。纵观大学发展史，每一所成功的大学都不能离开大学精神作为支撑，而校园文化就是传承大学精神的重要载体。所以，高校应该重视自身的校园文化对学校发展产生的深刻影响，努力塑造具有独特个性且能够适应时代发展的校园文化，使学校的核心竞争力得到提升，促进学校各项事业更好地发展。

第三节　高校校园文化建设的原则及重要意义

一、高校校园文化建设的原则

（一）坚持马克思主义指导原则

高校在校园文化建设中，要坚持以马克思主义为指导。马克思主义的科学性及实践性使其占据这样的主导地位。它能够促使中华民族伟大复兴早日实现。高校校园文化的建设属于思想政治教育的一个组成部分。坚持马克思主义在校园文化建设中的指导地位，事关对中国共产党先进性的坚持，进而对社会主义的前途与命运造成影响。马克思主义是一种科学的方法论与世界观，其自身的实践性和科学性决定了它能够处在指导地位，它可以对中国共产党所担负的民族伟大复兴的历史使命进行指导。在高校的思想政治教育中，校园文化建设属于其重要的组成部分。高校要坚持以马克思主义为指导，牢牢跟随其思想的引领，进行校园文化的建设。高校在建设和发展过程中，应坚持马克思主义的指导原则，努力建设适合培养人才的校园文化，为培养国家和社会所需要的人才而努力。校园文化的建设要坚持马克思主义指导思想，把马克思主义的原则、方法和观点运用其中，明确校园文化建设与发展的方向。

（二）先进性与多样化相结合原则

当今网络信息化对各行各业都造成了不同程度的影响，新时代的校园文化也因此出现了显著的多样性特征。高校要坚持先进文化的前进方向，同时丰富校园文化的形式，拓宽校园文化建设的视野，努力为社会的发展培养所需的人才。先进文化是符合社会主义发展方向，能够促进人类发展进步的思想。[①] 发展先进文化的目标是为了达成人的全面发展。从这个角度来看，先进文化不但继承了优秀的传统文化，还有着另一种时代精神，为先进阶层的

---

① 李金津. 新时期高校校园文化建设研究 [J]. 科教导刊，2020(31): 14-15.

利益服务，并顺应时代的发展。因此，校园文化作为先进文化的一部分，也必须具有先进性。

文化反映了政治与经济的形态。每个国家和地区都具有不同的政治和经济的形态，其相应的文化也就有所不同。人类文化遗产是各国和地区在社会实践中产生的，人类社会的基本特征是文化的多样性。就像世界上不只有一种色彩，只有在丰富多彩的校园文化的作用下，才能为高校营造出健康向上的文化氛围。虽然文化是具有多样性的，但是不同的文化之间也要做到相互学习，相互借鉴，促使各种文化都能得到良性的发展。校园文化是具有多元性的，不同的办学理念、制度和文化氛围，导致了校园文化的多样性。高校应本着"以德育人"先进性与多样性结合的原则，坚持马克思主义的指导地位，尊重文化多样性的特点，推动不同文化相互交流和借鉴，使校园文化的内容更加丰富，促进校园文化更好地发展。

（三）创新性与继承性相结合原则

创新是中国"五大发展理念"之一，国家的发展离不开创新，而建设校园文化也需要具备创新能力。在当前的形势下，校园文化建设要与时俱进，才能更好地培养大学生的创新能力。高校是进行科学研究的重要场地，也是发展学生创新能力的重要场所。因此，高校一定要重视校园文化建设的创新性，鼓励学生培养创新精神，为社会的进步增添动力。培养学生的创新能力也是高校培养国家和社会所需人才的重要任务。校园文化建设要加强创新能力的培养，吸引学生积极参与，在校园文化建设的过程中培养学生的创新精神。一方面，创新的前提是对传统文化进行继承，如果没有继承优秀的传统文化，高校在进行校园文化创新时就缺少了重要的载体。另一方面，如果在校园文化建设中缺少创新，其内容就会非常单调乏味，没有活力。所以，高校必须在传承校园文化的基础上对其加以创新，才能使校园文化更好地发展，更加适应社会的发展。

（四）高雅性与大众性相结合原则

在新时代里，随着网络信息化的发展，高校涌入了很多种文化，以至于校园文化出现了多种不同的层次，并且具有了高雅性和大众性的分别。其中，高雅性是校园文化最重要的特征，它是校园文化高品质与品位的体现，与校园文化活动的主体相协调。高校通过音乐会、诗歌鉴赏大会等高雅的校园文化形式，使学生在优美的环境中培养一定的审美能力和文化修养，其认知能力也会得到进一步的提升。从而达到育人效果。所以，高效的管理层要努力将文化艺术带进校园，使学生接受高雅文化氛围的熏陶。同时，高雅文化要求鉴赏者具备高层次的审美能力，这使大众很难积极参与到这类文化中来。除此之外，学校的发展要重视学生的需求，虽然大众文化不如高雅文化那样具有较高水平，但大众文化充满了"烟火气息"，存在于学生身边，更容易引起学生的共鸣，倍受广大学生的喜爱。大众文化通俗易懂，体现在学生学习和生活的全过程中，没有神秘感，却着有一种亲切感。高校校园文化建设将这两种文化结合在一起，针对大学生不同层次的特点，能够满足不同学生的需求，在喜爱大众文化的基础上追求高雅文化，实现高校德育教育目标，促进学生全面发展。

二、高校校园文化建设的重要意义

苏霍姆林斯基曾经说过这样的话：一所好学校的墙壁会说话。[①] 学校的整体面貌是其精神与价值取向的体现，具有很大的引导功能。校园文化是通过环境熏陶达到教育人的目的的，它在育人方面有着至关重要的作用。建设校园文化的最终目的是营造一种氛围，来培养学生情操、塑造健康人格、全面提高学生素质。所以，加强校园文化建设，应利用全体师生在校园文化建设中所处的主体地位，构建所有成员共建的校园文化体系，树立所有成员共建校园文化的意识，从学校领导到每一位教师、学生和教职工都要重视和参与校园文化建设。校园文化在实现高校培养目标过程中的重要作用，决定了它不是仅靠校内某个部门的努力才能收到应有的效果，而是关系到学校工作的方方面面。校园文化在贯彻落实党的教育方针、提高办学水平和人才培养质量方面发挥着重要作用。对校园文化的功能和价值的正确认识，是加强校园文化建设的重要内容。

（一）高校校园文化对社会文化的引领

大学作为教育组织机构，具有很多功能，如传授先进知识、培养高等人才、研究新技术和新学问等。大学是知识的创新地与集散地。高校作为传承、

---

① 孟泰，刘佳一．中国名校成功之路 [M]．北京：团结出版社，2012：1132．

传播、创造先进文化的重要场所，承担着历史使命，引领着中国特色社会主义文化建设，这主要体现在以下几个方面：第一，传承和传播文化知识。高校凭借自身聚集的众多高素质人才，和在教育、科研和创新能力等方面的优势，充分发挥文化理论建设、研究和传播的引领作用；第二，培养高层次人才。高校培养高层次人才的职能使其肩负着培养德才兼备的优秀人才的重任，包括培养国家建设和民族振兴所需要的文化建设领军人物的任务。大学是新知识、新思想、新理论的摇篮，是国家发展的人才库、思想库和智囊团。在文化理论研究和建设中，它引领着社会进步的方向。第三，文化创新。校园文化研究与实践的主动性使高校成为文化理论研究创新和文化体制机制创新的源泉。第四，推动形成良好社会公德。先进的大学人文建设，对社会良好风气的形成具有积极影响。

所以，一方面，高校一定要清楚自己的责任与使命，加强文化建设，坚持以人为本，努力构建具有开放性、多元化的校园文化。大学是先进文化的播种机，是文化交流的平台，因此，高校要具有一定的创新精神，提高校园文化的整体水平。另一方面，高校要充分发挥引领作用，坚持做到文化自觉、自信、自强，促进文化的繁荣，从而带动社会的发展，使文化强国的远大理想能够早日实现。

在新的时代背景下，如今的大学在传播知识的基础上，鼓励广大师生参与到社会活动中去，因此，高校对于社会的发展发挥的作用在不断扩大。广大师生将其研究成果直接带入到社会活动中，与社会的发展产生了深入且密切的联系，为社会的发展与进步提供了强大的动力。大学从来都是新理论、新思想的诞生地，很多思潮和运动都源于此。其先进性一直深深影响着社会的发展。大学通过培养人才、传承文化、开展科学研究等职能为社会的发展贡献着自己的力量，所以校园文化不但要育人，还要引领社会文化，并利用先进文化的引领作用，使社会文化和地方文化的品位得到提升。

为了使文化事业能够得到快速发展，大学可以根据当地的社会发展需求，尽可能地利用自身的特点和优势，通过各种形式贡献自己的力量，主要体现在以下几个方面。第一，为文化事业的发展培养所需的人才。高校可以通过研究当地的发展需求设立专业，并改善专业结构，拓宽办学渠道，根据文化市场的发展方向，着力培养经营和发展文化事业所需要的各种人才，如新闻传媒、文学创作和策划型人才，以及电子出版、动漫等科技人才，从而满足文化市场对人才的需求。第二，可以与当地的文化主管部门进行交流。二者可以共同组织委托、定向培训等活动，与地方文化主管部门可以委派相关人员到高校进行学习，也可以与高校进行联合办学、短期培训，以社会公共娱乐文化活动的形式提供服务，建立文化产业，承担文化人员的继续教育任务。第三，可以通过与区域之间建立和完善信息交流平台，实现校园和区域文化的共享，通过报刊、电视、广播、网络等传播方式展现学校形象、发布学校信息，将学校的图书馆、校史馆等场地对学校学生以外的人群开放，并开展一些文化讲座，举办文艺演出，使学校更具开放性，发挥校园文化的辐射效应，使社会充满文化氛围。

（二）高校校园文化对高素质人才培育的作用

高校对人才的吸引力很大程度上是体现在高校的人文环境上的，高校人文环境是校园文化的重要组成部分。一所大学人文环境的好与坏直接影响到大学对教师吸引力与凝聚力的大小。随着人事管理体制的改革，高校教师有了更多的自由和选择，他们将被更加适合自身发展的人文环境所吸引。高校如果能够在制度文化上做到管理与服务并重，在管理时更加人性化，在一定程度上是可以留住人才的。现在高等教育的人才竞争趋于白热化，引进人才难，留住人才更难，在客观条件相似的情况下，以情留人，为其最大限度地提供服务就显得特别珍贵。让学者对学校产生认同感是最好的合作前提。同样，好的校园文化建设也大大影响着学生的择校选择。一所具有优秀校园环境的高校，在物质、人文、制度上都将成为吸引更多优秀学子前来学习的前提条件。高校校园文化应当坚持以教育为本、德育为先的方针，把正确的政治思想放在首要位置，以培养更多优秀的高素质人才。

高校校园文化在政治导向作用中，可以弘扬爱国主义、社会主义等主旋律。校园文化作为重要的环境因素，对于一名学生能否成长为一个高素质的人才，起着至关重要的引导、熏陶和教化的作用。优秀的高校校园文化可以对高校学生进行思想引导、情感熏陶、意志磨炼和塑造，并通过各种活动（包括社会实践）营造出良好的文化氛围，这有利于培养高校学生的文明举动，塑造其高尚的思想，促使其树立正确的人生观、价值观和世界观，从而真正起到培育高素质人才的作用。

第二章　高校校园文化的育人功能

第一节　高校校园文化育人功能及表现形式

一、高校校园文化育人功能阐释

随着社会越来越迅猛的发展，高校在办学条件上也有了改善，开放办学已成为潮流。在文化多元化的背景下，校园文化发展有了更加复杂的外部发展环境。高校除了要为科学研究和培养人才提供保障之外，还要尽可能地对文化进行传承，为社会提供服务。然而，无论时代发展成什么样子，高校的职能怎么拓展，其根本目的是不变的，那就是育人。大学要坚持以育人为本的教育理念。从根本上讲，大学是文化组织，而大学里的校园文化对学生的成长和学校的发展有着重要作用。袁贵仁认为，在高等教育人才培养体系中，文化有着重要地位，大学是通过文化对人才进行培养的，教书育人、服务育人、环境育人、管理育人，说到底都是文化育人。①

校园文化的育人功能，是最近几年思想政治教育与文化研究的一个共同课题。自1980年我国开展了高校校园文化研究之后，对其育人功能进行的研究始终属于校园文化研究里的关键部分。韩延明所作的《大学文化育人之道》基本解释了什么是校园文化的育人功能，那就是"大学文化在大学培养人才

---

① 袁贵仁. 加强大学文化研究 推进大学文化建设 [J]. 中国大学教学，2002(10): 4-5.

过程中所发挥的作用或效能。"① 这个基本诠释的提出为我们理解大学校园文化的育人功能的内涵明确了基本思路。睢依凡在《大学文化理性与文化育人之责》一文中就对大学文化的作用方式进行了探讨。他指出，培育大学文化的关键是对教育环境进行建设。大学文化可以通过润物无声、潜移默化的情感熏陶、思想和行为的影响等方式来达到教育的目的。②

《现代汉语词典》将"功能"定义为"事物或方法所起的有益作用；效能"。③ 育人功能主要指的是校园文化对促进大学生人才培养和全面发展所产生的积极作用，它是高校校园文化的基本功能。所以，我们就可以把它理解为育人系统中的要素经过相互作用对大学生产生的正面影响。其来源是文化在培养和造就人时发挥的作用和好的文化对人造成的影响。在作用方式上，校园文化育人与高校其他的育人要素有着明显的区别。课程因素与管理因素是对学生的思想和行为直接造成影响的，但校园文化却是通过其独有的柔性力量，利用文化环境对学生进行潜移默化影响的。

二、高校校园文化育人功能的表现形式

高校校园文化在育人实践中起到怎样的作用以及如何发挥作用，这都是研究校园文化育人功能的基本理论问题。高校校园文化可以通过环境陶冶、制度约束和价值导向等功能，帮助学生树立正确的价值观，使学生的整体素质和修养得以提高。

（一）导向功能

高校校园文化通过自身的价值体系引导学生养成正确的价值观，这是校园文化在育人方面的内部力量，也是最高的目标。校园文化是中国特色先进文化的关键部分，也要坚持先进文化育人的原则，以其蕴含的价值体系作为依据，促使学生正确价值观的形成。校园文化自身是有规定性的，因此，它可以通过这一特性使学生坚定政治立场，摆正政治态度，培养正确的"三观"，树立远大的理想，这是高校校园文化价值导向功能的体现。高校校园文

① 韩延明. 大学文化育人之道 [M]. 北京：高等教育出版社，2013：27.

② 睢依凡. 大学文化理性与文化育人之责 [J]. 国内高等教育教学研究动态，2012(23)：6.

③ 商务国际辞书编辑部. 现代汉语词典 [M]. 北京：商务印书馆国际有限公司，2017：454.

化的价值导向功能是由影响高校校园文化形成的社会文化环境所决定的。中国特色社会主义文化可以为高校校园文化的育人功能提供丰富的文化沃土，高校可以组织一些具有革命文化、先进文化内涵的活动，引导老师和学生树立正确的价值取向。在新形势下，高校要重视社会主义核心价值观的导向功能，帮助师生建立符合当前形势的价值体系。

（二）熏陶功能

高校可以通过开展文化活动，使大学生在此过程中学到丰富的文化知识，促进素质教育的发展，同时有助于学生情怀的塑造，使他们在良好的人文环境的熏陶下健康成长。文化具有软性力量，大学生可以在这个软性力量的作用下丰富自己的内心世界，从而影响他们思想的形成，因而文化在影响人时是潜在且循序渐进的。校园文化具有可塑性的特点，因此，教育者可以重点打造良好的校园文化环境，利用良好的校园文化环境塑造大学生积极健康的思想观和道德观。教育者可以努力将校训、办学宗旨等内容融入校园文化中，使大学生能够无时无刻不感受到它们的积极影响，从而使他们不知不觉地提高自身的文化素养。

（三）激励功能

高校校园文化属于一种群体文化，它可以利用群体文化的独特力量，激发个人为群体所期望的目标而行动。用心理学上的话来说，高校的校园文化是由教师、学生和教职工组成的一定的群体所产生的。在这样的群体中，大学生总是希望得到别人的认可和尊重。这种期望和需求会逐渐形成内在动力，驱动行为主体为了满足自身需求，从而向群体普遍认可的价值观和行为模式上靠近。在育人实践过程中，高校校园文化可以激发大学生提高精神文化素质的内在动力，使大学生在这种精神动力的驱使下对自己的思想和行为进行调整，并为满足高校群体的期待而努力。高校校园文化强化和满足了大学生受到文化感染和熏陶的内在需求，促进了大学生在校园文化育人中发挥的自觉能动性。高校校园文化更多的是在精神层面对大学生进行激励。教育者通过校园文化的激励功能对学生的学习动力进行强化，满足其高层次的心理需求，激发其自觉能动性。高校在发挥校园文化的激励作用时，关键要保持社会期望与师生需求之间的张力，使其达到平衡，引导师生积极追求尊重和自我实现这种高层次的精神需求。

（四）约束功能

约束功能指的是高校校园文化通过制度文化和道德评价标准，在实际生活中或者心理上对师生产生压力，使其在这种压力下不得不改变言行，以达到校园文化的要求。这种约束功能主要表现在：第一，高校校园文化能够利用内部制定的各种与教育、管理等有关的规章制度管理和约束学生的言行。对违反要求的学生进行处罚，实现它的约束功能，这是一种硬性约束。第二，高校校园文化也表现为软性约束，这也是高校校园文化具有柔性力量的原因所在。高校校园文化有着复杂的内在结构，包括育人、办学的理念，对行为的规范，价值观的追求，舆论等多种内在成分，可以形成内在的、无形的约束力。

第二节　高校校园文化育人功能发挥的内在机理

高校校园文化所具备的育人功能是高校人才培养体系中一个重要的组成部分。深入探究高校校园文化育人功能发挥的内在机理有利于把握校园文化的育人规律，加强校园文化育人的效果。

一、高校校园文化育人功能发挥的要素分析

从本质上说，高校校园文化育人功能的发挥其实是一种实践性的育人活动，它包括育人客体、育人中介等基本要素。第一，从校园文化形成的过程看，教师和学生是影响其产生和发展的主体，对其育人功能发挥的过程有一定的影响。教师和学生虽都是文化主体，但所处的位置有所不同。高校的教师和管理人员担任着校园文化育人活动发起者和主导者的角色，大学生则是校园文化"转化"和"教育"的主要对象，也是受到校园文化影响的主体。第二，校园文化具有育人的双重作用。高校校园文化不仅具有教育力量，而且作为连接各种育人要素的教育媒介而存在。它可以运用内在的价值体系和精神力量引导大学生形成正确的思想意识，它也可以作为育人的载体，利用各种文化活动增强文化育人的吸引力。第三，校园文化在发挥育人功能时具

有特别的方式，具有完整性、内隐性和渗透性的特点。校园文化发挥育人功能的主要途径就是校园文化环境的熏陶和感染。通过上面的分析，下文在对发挥校园文化育人功能的因素进行分析时，对思想政治教育的接受理论进行了借鉴，即采用教育的主体、接受的主体、接受的客体、接受的媒介、接受的环境① 这五要素分析的框架，分析了校园文化育人功能的教育者、对象、内容、媒介和环境，以明确五要素对校园文化育人功能效果的影响。

（一）教育者

在校园文化发挥育人功能时，教育者是制定育人的标准、选择育人的内容、实施育人的环节的积极行动者，这是教育者在校园文化发挥育人功能中占主导地位的体现。其具有把握方向、把握机遇、排除障碍和人格感染等作用。在复杂的高校文化的构成中，既有积极的文化内容，也有消极的文化因素。高校为了使校园文化育人的先进性得到保证，就要通过教育工作者的力量，从高层的设计高度对校园文化进行总体的规划和建设，营造积极向上的氛围，从而正确引导大学生。从根本上讲，大学的办学理念是影响大学文化氛围形成的主要因素。确立办学理念和建设精神文化都不能离开教育工作者的建设和重视，并且教育者自身的修养也会影响其引导力。教育工作者的思想观念、理论水平和价值态度，以及利用校园文化育人功能的意识和操作能力，都会影响大学生对校园文化的领会和接收。从育人的角度看，教育者肩负着对学生价值观进行引导的根本职能，也就是"以社会的需求为准绳，科学地影响受教育者，不断把教育对象的思想政治品德提升到满足社会需求的水平"。② 教育者的主导地位是毋庸置疑的，没有了教育者，整个文化育人的过程就不能自发进行，也就不是基于思想政治教育目的而实施的高校校园文化育人。

（二）教育对象

在不同的教育中，受教育者的角色也是不同的。在思想政治教育中，教育者面对的是所有人。而对于校园文化育人，教育对象是指受校园文化影响

---

① 黄传球 . 基于接受理论视野下的思想政治教育接受研究 [J]. 呼伦贝尔学院学报，2017, 25（1）: 4-7.

② 刘书林，高永 . 思想政治教育的对象及其主客体关系 [J]. 思想理论教育导刊，2013(1): 97-99.

的大学生。严格地说，校园文化不只影响大学生的成长与发展，也影响着大学组织的其他成员。大学生是高校人才培养体系实施的对象，也是校园文化发挥育人功能的教育对象，大学生可以通过心理变化对教育的作用加以调和，然后达到提升自身素质的目的。文化对人的影响是非强制性的，校园文化发挥育人功能时，教育对象的主体性是不容忽视的。只有提高教育对象的文化认知，积极接受文化的影响，将教育信息内化，高校校园文化的育人功能才能真正发挥作用。教育者要对教育对象的主体性加以调动，使其更加主动并积极发挥创造力，从而强化育人的效果。从根本上说，要想验证校园文化的育人功能达到的效果如何，关键要看大学生的成长和发展。只有受教育者认同高校校园文化育人的内容，把内容内化于心，并付诸实践，育人功能才能更好地发挥出来。

（三）教育内容

在思想政治教育中，高校校园文化的存在形式通常是文化载体。教育者往往在一定程度上忽视了高校校园文化的育人作用。通过几十年的发展，高校校园文化慢慢积累了厚厚的文化积淀，其教育内涵也变得更加丰富。办学理念和大学精神都是校园文化最重要的内容，其自身产生的精神动力能够引导师生的思想和道德观念等，东北师范大学"勤奋创新 为人师表"的校训就是最好的展现，它将师范大学独有的特色与时代精神内涵结合，为学生提供成长路上的精神引领。有利于培养大学生的学术品格和健康的人格，并约束他们遵守职业道德。高校校园文化以其独特的精神内核，引导大学生进行自我完善，在满足学生精神文化需求的同时，着力提高其思想品德修养。高等教育的政治属性要求校园文化的育人功能要为国家文化的发展和培养人才服务。所以，教育内容不仅包括校园文化的内在要求，中国特色社会主义文化也是其重要方面。教育者终究会向教育对象传达很多教育信息，因此，教育内容同样会影响校园文化的育人功能。选择什么样的文化来教育学生，直接决定了教育的方向。在实践方面，教育内容的选择非常重要，它在很大程度上制约着教育的方向，是影响校园文化育人功能的重要因素。

（四）文化载体

在校园文化发挥育人功能时，文化载体充当着重要的媒介角色。校规校纪、宣传标语和各种文化活动是大学生在日常生活中经常遇到的文化载体。学生们都是在校园的日常生活中选择、接受、外化和内化育人内容的。校园文化是育人的载体，它包含了思想政治教育的很多信息，是教育者传递信息的媒介，在育人过程中发挥着至关重要的作用。加强文化载体建设，是提升校园文化育人效果的一个重要举措，我们可以从多个方面进行，如提炼大学精神、营造文化氛围、培养良好校风等。同时，我们还要注重文化活动的平台建设，与主题进行融合，并加强网络文化载体建设。在校园文化育人的过程中，文化载体是不可缺少的，因为它不仅蕴含了育人的内容，还为育人过程中各种要素相互作用提供平台。高校必须大力建设文化载体，改变原来的育人方式，努力开发和创造新的形式，以获得更好的育人效果。同时，高校要始终坚持育人理念，关心大学生的身心发展，考虑不同文化载体所具备的不同特点，对其进行灵活的使用，从而达成更好的教育效果。教育工作者要着力于校园文化的建设，使文化载体更加丰富，然后对其进行综合应用，使育人形式更新奇，才能吸引更多的大学生积极参与其中，从而使校园文化的育人功能得到更好的发挥。

（五）文化环境

因为文化育人主要是通过渗透、熏陶和感染的方式影响着受教育者，校园人文环境不只是对校园文化育人功能的效果产生影响，还以环境熏陶的方式直接参与其实践当中。所以，文化环境也应该属于校园文化育人功能的组成部分。校园文化环境具有双重性，其包含了显性文化和隐性文化，这其中也包括了物质文化环境，和由大学精神、规章制度等内容所构成的校园文化"软环境"。校园文化环境会对大学生产生不同程度的影响，是影响大学生思想和行为的重要因素，会使大学生的思想和行为慢慢改变。校园文化环境是一把双刃剑，积极的校园文化环境可以对大学生的道德品质和思想观念产生潜移默化的影响，从而对高校校园文化发挥育人功能时起到促进作用。反之，如果高校不注重校园文化的环境建设，消极的文化环境就会使学生受到负面影响。高校校园文化环境建设应在完善基础设施和硬件设施建设的基础上，更加重视校园文化"软环境"的建设，在开展文化活动时不能只是走走形式而忽略内容，要避免文化环境建设注重物质而不注重精神的现象出现。

二、高校校园文化育人功能发挥的运行过程

为了深入了解校园文化育人功能的内在机制，在它运行时，我们可以用

动态的思维对其进行分析和探索，研究其中涉及的相互联系的几个阶段。恩格斯提出，世界是整个过程的集合体，而不是已成型的事物的集合体，我们认为的所有稳定的事物和它们留在我们大脑中的印象，也就是概念，都在生成和毁灭中不断变化。[①] 高校校园文化的育人功能同样是不断变化的。在微观上，它是具体的活动过程，具有特殊性，在文化的传承与创新中，它不断提升自我、超越自我，高校校园文化育人功能又有着不同于普通教育过程的特性，在育人的过程中，高校应更注重文化的柔性，注重文化建设，通过文化环境的陶冶，对大学生产生潜移默化的影响，从而达到育人的目的。通过以上对校园文化发挥育人功能过程中的五要素的分析，这个运行过程和大学生自发育人过程是统一的，其主要内容是教育者对校园文化的育人内涵进行研究，并丰富育人载体，营造育人环境。现如今，人才培养的质量应该成为高校更加关注的问题，因此，高等教育越来越重视人才培养的质量，高校在发挥校园文化育人功能的整个运行过程中，要对其内容进行不断调整，这已然成为整个过程中的关键环节。通过以上的分析，我们可以把育人的运行过程主要分成三个阶段：前期规划、具体实施、反馈调整，然后进行深入探究。

（一）前期规划

对校园文化育人的过程进行前期规划和设计，可以保证育人方向是正确的，也合理地配备了各种育人要素。前期整体的规划和设计能够使教育者掌握教育对象的特点和思想发展规律。

第一，教育工作者要对大学生的成长规律和思想特点有所了解，校园文化育人功能的一个重要环节是教育者要用心观察教育对象，深入了解教育对象的个人情况。校园文化育人和普通的育人归根结底是不同的，因为前者是隐性的。教育对象是否能够从内心里理解和接受教育信息，然后又将其融入自身的思想建设中，是他们对文化的感知能力和主动性决定的。在新时代成长起来的年轻人都有着丰富的经历，有着开阔的眼界，这有助于年轻人文化意识和文化自信的形成，这为校园文化更好地发挥育人功能奠定了良好的基础。然而，由于网络的发展使一个虚拟且现实的社会被创造了出来，各种不良文化也因此变得更加不容易被发现。大学生的心智还未成熟，尚没有形成正确的价值观，他们非常容易被大众文化、网络文化所影响。因此，高校除

---

① 项红专. 论文化育人的价值 [J]. 中国德育，2018(23): 26–30.

了要关心大学生的学习成绩之外，还要深入了解他们的心理特点。

第二，高校领导要组织专业教师队伍，对校园文化育人功能的发挥进行统筹规划和设计。高校应从它的整体性出发，对校园文化和社会文化这两种资源进行整合，使它们之间产生良好的互动，整合人力资源，更好地发挥主体的育人力量，也可以采用联合办学等方式，强化育人的效果。育人主体参与合作，可以使教育规划更加科学合理。教育者在实际教学中并不是同一个学校的，并且部门也可能不同。对整个大学层面进行规划，就可以打破学校与学校、部门与部门之间的壁垒，从而发挥多个主体的整体效应，更好地发挥其协同性。为避免影响实际的教学工作，校园文化教育隶属于某个部门，仅限于管理上和思想教育上进行督导。总而言之，在育人工作中，校领导、教育行政老师等都应发挥其主导作用，积极组织文化活动，使学校的各种文化资源都能被合理地利用。

（二）具体实施

在校园文化育人功能的具体实施阶段，教育对象的主体作用被凸显了出来，在整个育人过程中，对育人内容的解读和整体的内化也属于重要阶段。下面我们从大学生的内容解读、整合内化和外化践行这三个阶段进行探讨。在具体实施阶段，教育对象在处理育人内容时会随着时代的发展更具主动性，这并不是教育对象将教育者的指导进行弱化处理。在整个教育过程中，对精神文化的推广变成了内在的动力，这在很大程度上决定了育人的效果。文化育人侧重于教育对象主动接受和吸纳育人内容，然后自发进行内化整合，最后外化于行动，这与普通的教和学是不同的。

1. 内容解读

在文化育人中，教育对象首先要对文化的内容进行解读。由于教育对象的认知能力有限，所以他们只能根据当前的认知能力对其内容的好坏进行判断，选出自己觉得正确的，舍去那些自认为错误的。同时，大学生也会考虑到其内容是否会对自身的发展有帮助。育人内容具有主观性，这就导致了教育对象会根据自己的标准进行解读和筛选，个体的需求和对文化的基本理解能力制约着大学生对育人内容的解读。大学生对校园文化育人内容的解读一般会出现两种结果：如果育人内容可以满足大学生的需求，并且在其非常自觉的情况下，他们就会非常理性且客观地解读育人内容；反之，大学生就会片面且主观地解读育人内容。教育对象初步解读了教育内容以后，就会主观地决定接不接受其内容，或者接受多少。大学生作为内容解读的主体，他们会根据自己的需要来选择教育内容。

2. 内化整合

教育对象在解读完文化育人的内容之后，会从中选择符合其内心精神需求的部分，将其进行整合内化，从而形成自己意识的一部分，变成自己内心的思想认识。整合内化是教育对象在高校文化育人功能中对育人信息进行整理、融合，然后进行自身观念建设的一种活动。在校园文化育人的过程中，整合内化就是在找到新的文化内容以后，与自身原本的文化认知产生内在联系，然后通过思维加工产生新的认知结构。在新的育人内容和原有的思想体系产生联系后，教育对象就要通过自身的心理内化，将新的育人内容内化成自身思想的一个有机部分，然后促进自身思想品德的发展。教育者向教育对象传达的信息必须经过教育对象的内化才能对其内心世界有所触动，进而影响其意识形态的改变，整合内化是校园育人过程中的关键环节，育人内容是否能被教育对象真正接受，就取决于此。大学生更容易接受符合自己原有文化认知的部分。

3. 外化践行

经过整合内化环节以后，教育对象把社会所要求的思想观念、价值观和道德标准转化成自身意识的组成部分，还要通过外化来加强认识的联系，然后在教育对象的思想和行为上显现出来。每个人的认知能力和实践能力都是不同的，因此要对一个人的具体行为进行评判，才能真正了解这个人品行的好坏。在外化践行环节当中，教育对象不但要将思想认识与具体行为进行有机结合，还将社会交往的范围扩大，对实践中所受的教育影响进行检验，使自己的判断能力提高。这一环节除了对大学生形成良好的道德修养具有重要作用外，也是检验校园文化育人效果的重要依据。多种多样的文化活动为校园文化育人提供了重要载体，在文化活动的参与过程中，大学生可以通过言行展现教育的影响力，满足自身在精神上的需求。

（三）反馈调节

新时代背景下，要想提高办学质量和办学效果，必须建立高层次人才培养体系，与此同时，也要对校园文化育人功能的效果加以重视。鉴于校园文化教育的完整性，教育实施的完成并不代表着校园文化育人活动的完结。思想道德观念虽然抽象，但依然可以通过语言和行为进行表达，应将教育育人的调整和反馈一并纳入校园文化育人的过程。教育者通过实施育人过程的准备阶段和受教育者接受教育的实施阶段，将教育内容和思想灌输给受教育者，影响受教育者的行为习惯，发挥教育的育人功能，使教育效果得以体现。育人实施阶段的信息既可以反馈给教育者，以调整教育方向，对育人方案精简优化，进而开展下一步的育人活动；也可以对受教育者进行反馈，使其对自身的价值观形成正确的认识。

校园文化育人从最初的规划到具体的实施，包含了许多错综复杂的影响因素，实施结果可能和预期差异巨大。为了弄清其中的具体问题和产生与预期结果差异的原因，教育工作者应当究其原因，把更多的精力用于反馈调节阶段。建立一定的评估体系是反馈调节的关键所在，评估是究其原因的根本。只有进行合理的评估，才能找出结果差异的所在。所以评价、反馈和调节三个环节紧密相连。总之，在反馈调节中，高校应当重点建立健全的校园文化评价、反馈及时调节机制，以确保目标的达成。

首先，高校要以国家政策文件为指导，对校园文化建设的评价标准进行完善。对校园文化育人效果的评价需要有一定的标准，因此，要完善校园文化的评价体系，将复杂、抽象的评价效果转变为具体、可衡量的指标体系。为了解决校园文化建设问题，国家教育部办公厅、中央文明办秘书局在 2017年 6 月发布了《全国高校文明校园测评细则》（以下简称《细则》）。该《细则》对校园文化建设和校园环境建设的评价指标进行了划分，并提出了具体的评价标准。高校要在《细则》的指导下，结合自身发展特点，完善校园文化和环境建设评价体系。这样，在以后进行校园文化育人效果评价时，就有了标准。

其次，高校在得到校园文化评价反馈后，要成立校园文化建设工作组，并对其进行指导，与其进行充分的沟通协调，为以后工作的实施提供保障，对最终呈现的效果进行反馈。校园文化建设工作组具有以下职能：组织效果评价，加强统筹规划，进行效果反馈等，要做到奖优惩劣，使校园文化反馈调节的优势得到充分发挥。

为了对整个实践过程有更清晰、更深入的了解，我们将校园文化育人过程划分为几个相关的部分。总体来看，发挥高校校园文化的育人功能是一个整体的实践活动，各部分不是孤立的，而是相互联系、相互影响的。归根结底，教育工作者对教育内容的传递与教育对象对教育内容的接受都处在同一个育人过程中，在实践时需要对全局进行把握。

三、高校校园文化育人功能发挥的作用机制

《现代汉语词典》对"机制"有以下解释：机器的构造和工作原理；某些自然现象的物理化学规律；机体的构造、功能和相互关系；泛指一个工作系统的组织或者部分之间相互作用的过程和方式。[①] 本节根据最后一个解释进行派生理解，校园文化育人功能的机制，指的是其系统内各组成部分间的关联和相互作用。校园文化育人功能的机制主要包括三个方面："人化"和"化人"进行互动的机制、文化引导与自我教育相结合的机制、内化与外化相统一的机制。

（一）"人化"与"化人"互动的机制

校园文化与文化主体在高校校园文化育人功能的发挥中相互影响。首先，从高校校园文化的形成和发展来看，它是教师和学生通过多次实践得以形成的。一旦有了校园文化，它就会对人产生积极或者消极的影响。所以，在进行校园文化育人时，必须遵循"人化"和"化人"的互动机制。

校园文化育人，必须注意以下几点：第一，校园文化育人的活动主体是高校师生，要以育人目的作为活动导向，对外客观化，创造丰富多彩的文化成果，丰富高校校园文化的表现形式，有意识地营造文化环境，实现"人化"的过程。第二，文化育人有着用文化培育人的内涵，文化是人创造的，反过来再塑造人。精神文化是校园文化的重要内容，有着重要的价值影响和文化感染作用。校园精神文化是校园文化的精髓，它体现了高校的办学理念和价值追求，为学校的生存和发展提供动力。校园精神文化包含了很多内容，如创新意识、诚信意识和责任意识、刻苦钻研的学术精神、以育人为本的教育理念。它体现了学校的文化价值取向和人才培养理念，有利于塑造价值理念集合体，营造校园文化氛围，规范师生言行举止，为大学生的价值观塑造提供精神指导。大学生处于良好的文化环境中，受到长时间的文化熏陶，就会

---

① 商务国际辞书编辑部．现代汉语词典 [M]．北京：商务印书馆国际有限公司，2017：600．

慢慢改变自己的思想和行为。因此，校园文化育人的本质是"人化"与"化人"双向建构的过程。

（二）文化引导与自我教育相结合的机制

从教育者和大学生在校园文化育人功能中发挥的作用看，其内在机制的体现就在于文化引导与自我教育的结合。在校园文化育人中，教育者的文化引导和受教育者的自我教育之间是存在着内在联系的。文化对人具有自发性影响，其在对人进行长时间的熏陶后，会使人的思想行为不自觉地发生变化，这种影响可能是积极的，也可能是消极的。积极的文化会带来正面的影响，使人往好的方向发展；消极的文化会带来负面影响，使人往坏的方向发展。教育可以通过主体的自觉性，将文化对人自发状态的影响转化成文化的自觉育人活动，突出文化对人的积极影响。

校园文化育人功能的发挥，是教育者文化引导和大学生自我教育相辅相成的实践过程。一方面，教育者在校园文化建设中把教育内容融入其中，发挥校园文化的育人功能，促使大学生形成正确的价值观。教育者可以利用自身的主导地位，在高校校园文化中融入时代精神和时代内涵，培养大学生良好的思想素质和正确的价值观。在校园文化育人的过程中，教育者作为引领者，在文化环境的优化和载体的选择中起着引领和主导作用；另一方面，大学生有着主体意识，能够主动学习，自觉接受文化影响并进行自我教育。必须充分考虑大学生在发挥校园文化的育人功能发挥中所处的主体地位。首先，在发挥校园文化育人功能的过程中，教育者通过文化载体传递的教育信息只有被学生个体接受并内化到个人意识中，才能真正实现它的教育功能。因此，在校园文化育人的过程中，发挥大学生的主动性，形成自觉性，是这个过程的关键环节。其次，大学生有着比较丰富的知识，且思维活跃、精力充沛、善于接受、勇于创新，是校园文化创新的主力军。激发大学生的创新思维和创造力，对于各类文化活动的吸引力和新颖性的提高具有重要作用。因此，要想使高校校园文化育人功能得到有效发挥，就要充分发挥大学生的主体意识和创新意识。

（三）内化与外化相统一的机制

在文化认同的前提下，受教育者内化和外化育人内容是校园文化与受教育者之间相互影响的内在机制。在校园文化育人中，教育对象在文化认同的基础上，对文化进行内化和外化的影响。校园文化育人功能的关键是对大学校园文化所传达的思想、道德观在认知和情感上趋于一致，然后，自觉接受校园文化的影响。文化认同为大学生内化校园文化、形成良好的文化价值观提供重要前提。校园文化的内化与外化具有不同的内涵，校园文化内化是以文化认同为基础，通过个体内化的过程，将先进的文化价值转化为自身较为稳定的态度和认知，然后融入自身的文化价值系统中去，校园文化外在指的是通过校园文化所表达的价值观念内化后产生的结果，然后以大学生的实践进行表达的过程。在两者相互作用下，大学生会从以往不加思考就接受别人的观点的态度变成"自己"想要"怎么做"的态度。在校园文化中，内化和外化这两个环节始终都是辩证统一、相互转化的。在校园文化育人实践中，对文化进行内化与外化的过程，实质上就是建构文化价值的过程，也就是输出和输入文化价值。教育者通过校园文化的载体，将国家和社会发展所需的文化价值观传递给大学生，引导大学生将其内化为个体的内在思想成分。大学生又通过文化交流和活动，把获得的文化价值外化于行，在文化行为中对新的文化内容进行巩固，两者是相互兼容且共通共融的。如果大学生没有在实践中将获得的新知识外化，其内化也就没有了存在的意义。

第三节　高校校园文化育人功能发挥的时代要求

校园文化育人是高等教育培养体系中的一个组成部分，所以，校园文化的发展原则必须与高等教育相一致。高等教育应该坚持社会主义的办学方向和党的领导。党和国家的政策方针决定了校园文化发挥育人功能的总体方向。从思想政治教育的角度看，新时期高校校园文化的育人功能主要涉及三个核心问题，即用什么样的文化教育人、教育什么样的人和怎么教育人。对这三个问题的探讨，体现了发挥高校校园文化育人功能的时代要求。

一、坚持以先进文化育人

校园文化的本质、国家人才培养的目标和社会发展的需求共同决定了高校校园文化育人的前提是以先进文化育人。随着时代的发展和进步，在育人方面要坚持先进文化的重要地位，丰富校园文化育人的内涵，进一步增强育人的效果。

（一）以先进文化育人的必要性

高校校园文化育人应该坚持什么样的文化，决定了高校文化育人功能的总体方向。文化必定会对人的发展产生积极或者消极的影响，这是由文化本身的性质决定的。先进文化会对人的发展产生积极影响，而落后的文化则会对人的发展产生消极影响。文化对人的影响是客观的，但文化育人的价值取向却是十分鲜明的。只有坚持以先进文化育人，才能使文化对人产生积极的作用。校园文化育人的本质是高校通过自身主导文化的价值体系和行为规范来促使大学生对特定内容进行内化，然后对大学生进行文化的影响和构建，这样的文化影响和建设活动必须顺应时代发展的潮流。组织先进文化的育人活动，才能把握其发展的正确方向。中国特色社会主义先进文化引领着我国社会文化的发展方向，是推动高校校园文化建设的主导力量。所以，高校在进行文化育人时，必须坚持中国特色社会主义先进文化的指导，确保校园文化的育人方向是正确的。

校园文化对大学生人格的塑造具有非常重要的作用，因为校园文化除了具有内在的精神力量之外，还包括制度文化和行为规范，可以规范学生的行为，使他们得到全面的发展。"立德树人"是高校文化育人的最终目标，高等教育都具有一定的政治属性，其本质上的追求就是发挥先进文化的育人功能，对文化教育建设进行强化。所以，高等教育的文化教育功能离不开社会文化环境的影响。社会文化环境对校园文化教育功能的发挥具有双重影响。一方面，社会所需要的主流文化决定了高校校园文化的发展方向。高校根据自身发展、文化创造和社会文化批判的需要，发展校园方化、丰富社会文化的内涵，进而促进社会的发展；另一方面，社会文化中包含的一些亚文化形式，会对校园文化育人功能的发挥产生一定的影响。我们所处的是一个思想碰撞、文化融合的时代，我国社会文化发展的格局是一元主导、多元发展。以马克思主义理论为指导，发展中国特色社会主义文化，能够为校园文化育人功能的实现提供充足的文化营养。大众文化、西方文化等多元文化也存在一定的发展空间。由多元文化形成的多元价值观和社会思潮涌入高校后，会动摇少数大学生对主流文化的认同，从而给高校校园文化育人功能的发挥带来一定影响。由于大学生思想活跃，容易对新鲜事物产生好奇心，容易被社会文化中的一些错误观点所影响，很难做出正确的价值判断，对大学生自身的发展很不利。从整体来看，部分高校对物质文化的建设重于精神文化，大力建设学校的硬件设施和基础设施，提升了学校的整体环境，却忽略了精神文化对师生的内化作用和隐性影响。应该重视建设校园文化，积极发挥校园文化育人功能，提高学生的自我修养和精神境界。

（二）用先进文化引导高校校园文化建设

从本质上讲，高校校园文化育人是通过先进文化对教育对象进行塑造、引导和感染，从而提升其文化修养，培养其良好的道德品质。所以，高校必须加强校园文化建设，将一元主导和多元发展结合起来，营造浓厚的传统文化氛围，坚持文化自信。新时代，要想有效地发挥校园文化的育人功能，就要不断加强校园文化建设。

1.高校校园文化建设要坚持一元主导与多元发展的结合

高校必须以中国特色的先进文化作为基础，大力开展以革命文化为主题的教育活动，加强思想教育，强化先进文化的主导地位。如今我国的发展壮大，被一些西方国家的敌对势力视为对他们的价值观和制度的威胁，时刻试图对我国进行思想渗透。强化先进文化在校园文化中的主导地位是加强高校思想工作、维护校园文化安全的必然要求。同时，高校有着发展多元文化的潜力和需要。第一，从大学生构成来看，我国高校有一定数量的少数民族学生和外国留学生，因此，高校校园文化必须具备包容性，为其他民族文化和国家文化的发展提供一定的空间；第二，高校在学术上应加强对外交流与合作，教育主管部门和高校为拓宽高校学生学术视野，进行了多方努力，通过建设引智基地，聘请国际性的专家学者来高校开展讲座，加强国内外高校的交流与合作，促进高校的多元化发展。总之，在建设校园文化时，既要坚持中国立场，坚持中国特色先进文化的主导地位，也要以开放且包容的态度多元文化的发展。

2.高校校园文化建设要营造浓厚的传统文化氛围

中华优秀传统文化涵盖了丰富的人文精神、哲学思想、启蒙思想和道德观念。高校校园文化应对优秀传统文化的育人要素进行深入探索，营造具有优秀传统文化基因的校园文化育人环境。高校要创造性地利用传统文化，坚持以文化塑造人、以美育人，从而提高大学生的整体素质。学校可以邀请一些专家、名师等来校举办讲座，激发大学生对传统文化的兴趣。可以通过鼓励学生成立书法类、汉服类等社团，来提高学生对传统文化的了解，丰富大学生的校园生活；此外，还可以设立科研基金，提高师生对传统文化的研究力度。高校在校园文化建设中加强传统文化教育，有助于营造良好的育人氛围，能大大提高高校的育人效果。

3. 高校校园文化建设要在育人中坚持文化自信

随着我国经济的迅猛发展，对外关系上也得到了进一步发展，增强民族文化自信，提升中华文化的影响力是目前我国思想宣传工作的主要任务之一。在进行对外学术交流时，要坚守中国特色文化的阵地，把我国的特色文化、传统文化传递给更多的人。在教学中，要帮助大学生树立正确的价值观，使他们认同并发扬民族文化，培养其民族自信和文化自信。高校应加强主流媒体建设，掌握文化宣传的话语权，在校园文化建设和育人实践中，不断加强大学生对中国特色社会主义文化的认同感。

总体来看，要以先进文化育人，就要不断加强高校校园文化的自身建设。不但要充分利用优秀文化资源，还要抵制不良文化影响。高校要积极发展先进文化，从优秀的传统文化、红色文化中获取养分，利用多种资源达成文化育人的目的。

二、遵循文化育人规律

要做好高校思想政治工作，不仅要遵循思想政治工作的规律，还要遵循学生成长规律和教师教书育人的规律。因为思想工作要做好并不只取决于单一的工作实践，而是要兼顾各方面的因素，抓住教育活动的规律，并关注教师和学生的互动，从而提高效率。从实践中认识和把握规律，是校园文化育人的要求。校园文化育人属于思想政治教育的范畴，因此，要注重对学生思想和教育规律的掌握。在校园文化育人时，教育者要清楚校园文化的育人特点和规律，对育人方法进行改进，从而提升育人效果。

（一）正确认识文化育人规律

遵循文化育人的规律，要求教育工作者对校园文化育人功能的作用机制要有一个深刻的认识。

首先，高校校园文化育人是"人化"与"化人"双向建构的过程，校园文化在自身的传承和发展中对大学生产生文化影响。高校校园文化建设和其育人功能的发挥是密不可分的。高校教育工作者要不断促进校园文化建设，在先进文化的传播过程中发挥文化的渗透和感染作用。其次，高校要正确把握教育者与教育对象的互动关系，在育人过程中，注重文化引导与自我教育相结合。教育工作者要把民族精神和先进文化融入校园文化建设中，为校园文化育人营造健康良好的文化氛围。大学生是高校校园文化创新和发展的主体，在校园文化育人的过程中，他们可以主动学习，自觉接受文化的影响，来进行自我教育。最后，在校园文化育人的过程中，大学生对文化育人的内容的内化吸收与外化表现要辩证统一。在实践中，高校校园文化育人功能能否有效发挥，关键在于教育对象是否对其内容进行了消化和吸收。因此，教育者应为大学生由内化转变为外化提供文化载体，使学生将内化的道德观念外化成道德行为。

（二）运用文化育人规律推进高校校园文化育人功能发挥

要想使实践活动有效地进行，就要能够掌握和运用规律。新形势下，在进行高校校园文化育人的过程中，要善于抓住机会，利用一切有利条件，不断地对高校校园文化的育人方式进行改进。校园文化是以文化特有的力量来育人的，这与实践和管理的育人是不同的。校园文化育人坚持用文化来影响人、塑造人，以自身独特的魅力和力量来教育人，通过校园文化载体，把文化中所蕴含的世界观、人生观、价值观等观念潜移默化地传递给受教育者。具体而言，高校必须尊重文化育人的规律，深入了解并有效处理教育系统内各要素之间的关系，不断优化校园文化育人的方式。强调思想政治教育的人文关怀，发挥校园文化的力量，实现培养新时代年轻人的目标，就要充分利用"化"的方法，要遵循大学生思想品德教育和人格发展的规律。通过中国特色社会主义文化的渗透性和吸引力，充分发挥核心价值观的引导力量。校园文化要通过情感烘托、环境熏陶的方式，充分发挥文化育人的特质，在潜移默化中启发和引导大学生，促进他们全面发展。校园文化的神奇之处在于不仅能通过精神文化育人于无形，还能以行为文化、物质文化育人为有形。同时，其制度文化又可以使育人功能变得持久。校园文化通常以隐性教育法和熏陶感染法来育人。要培养大学生文化活动参与的积极性，并开展自我教育。还要坚持"转化"与"育人"相结合，在两种方式的共同作用下，才能更好地运用各种形式的文化力量来实现其育人功能。

三、培养时代新人

发挥校园文化的育人功能关键在于明确人才培养的目标。教育工作的根本任务和高校发挥文化教育功能的时代使命，是为中国特色社会主义事业培养所需要的人才。

（一）高校校园文化要坚持以育人为本的教育理念

在我国，育人既是推动社会主义长远发展、培养大学生良好的人格、引导大学生成才的重要途径，也是实现中华民族伟大复兴的基础工程。高校校园文化育人不仅要考虑到是否适应社会的发展，还要坚持"以人为本"的教育理念，满足作为主体的学生自我发展的要求。如果不考虑大学生主体地位和积极作用，就无法有效发挥校园方化的育人功能。育人功能效果的显著与否，要通过教育工作者的教育过程和教育对象内化与外化矛盾的转化来评定。通常，当教育者以文化载体传递的教育信息被大学生个体所理解和接受，并且以外在行为来表现内化的观念时，其育人功能才算是真正得以发挥。因此，这一过程的关键是大学生在校园文化育人过程中发挥主动性，形成文化自觉性。因此，学校在培养社会主义的建设者和接班人时，要注重作为主体的大学生自身的个性发展和精神需求，必须考察时代背景下的个体发展，结合社会对高校人才培养的需求，来考虑学生自身的需求，这是校园文化在发挥育人功能时的基本要求。

在校园文化育人中，大学生是主体要素，其制约着文化育人功能的发挥。大学生生存与发展的需求是校园文化育人功能的内在动力。发展是学生们的现实需求，是其在学习生活中最重要的一点，它为大学生自觉接受教育提供了生存动力。大学生对于发展有着多种多样的需求，并且随着时代的发展无时无刻不在发生改变。因此，要想使大学生日趋多元化的发展需求得到满足，高校就要努力提升文化吸引力，激发大学生学习先进文化的积极性。

党和国家一直都很重视青年一代的发展。随着中国特色社会主义理论的不断深化，要想实现新时代目标，就要重视大学生的成长，他们是这个时代的中流砥柱。在清楚大学生成长条件和新时代青年的特点之后，就可以明确大学生的培养方向。教育者要意识到这个时代赋予方大青年的责任与使命，努力激发其积极投身于社会主义建设的决心，培养他们的创新意识，为时代的发展和社会的进步贡献自己的一分力量。高校在发挥校园文化育人功能时，要明确以人为本的教育方针，将培养人才作为中心环节，使大学生的创造性和主体性得到有效的提升，并使他们自我发展的需求得到充分的满足。

（二）高校校园文化育人功能发挥要以培育时代新人为目标导向

高校承担着培养合格的社会主义事业建设者和接班人的责任与使命。随着中国特色社会主义进入了新时代，在高校人才的培养方面也提出了新的要求。高校要把育人这一中心任务融入高校建设的各个环节，着力培养担负民族复兴大任的时代新人。同时，培育新时代新人也明确了校园文化育人功能发挥的目标和要求。第一，青年是社会主义的接班人，要拥护中国共产党领导和中国特色社会主义事业，肩负着民族复兴的重大使命。第二，青年一代是开拓者，要有奉献精神、时代眼光和创新意识。时代新人培养的丰富内涵，是在把握教育工作内涵和内在要求的前提下，对教育目标的全面总结。要培养新时代所需人才，身为教育工作者，就必须认真履行教学职责，培养学生强烈的创新意识、坚定的理想信念和强烈的社会责任感，利用校园文化育人增加学生的责任意识和使命感，为实现中华民族的伟大复兴而提高自身能力，从而为国家的发展助力。把培养新人的要求贯穿于发挥文化育人功能的全过程。在新时期里，校园文化应引导大学生将社会价值的实现与个人的成长结合起来，培养具有使命感、创新精神、风险意识和责任意识的新时代的大学生。

首先，要培养具有使命感和责任感的新时代人才。要想早日实现中华民族的伟大复兴，不仅要坚持中国共产党的领导，还要整个中华民族都为之奋斗。这不仅是中国共产党的历史使命，还是整个中华民族的历史使命。引导大学生清楚其历史使命，帮助其树立责任感，是培养时代新人、实现校园文化育人目标的要求。高校要认真开展与实现中华民族伟大复兴有关的教育活动，不但在育人内容里融入使命和责任意识的培养，而且在日常生活中，也要对大学生的责任意识进行培养。只有这样，才能使大学生在校园文化的熏陶下，提高思想意识，自觉投入到中国特色社会主义现代化建设中去。

其次，要培养具有创新精神和创新意识的新时代人才。创新精神无论是对个人的成长还是国家的发展都有着重要的意义，它可以促进个人的进步，可以为国家的发展提供动力。[①] 因此，必须重视培养大学生的创新精神，这是国家发展、民族进步的必然要求。大学生不但有着丰富的理论知识，而且思维活跃，善于接受新事物富有创新精神，是高校校园文化创新的主力军。教育工作者在校园文化育人过程中占主导地位，因此，他们可以作为引领者进行文化载体的选择，并改进文化环境；而大学生是文化活动的参与者，要提高他们的创新意识和能力，使其更加主动地接受先进文化。

最后，培养具有风险意识的新时代人才。随着网络信息化的发展，社会中一些不良信息通过网络进入高校，这就对大学生的身心健康发展造成严重威胁。对于一些思想不坚定的大学生来说，就很可能受到其影响，从而迷失自我，做出错误行为，对自身发展造成不利影响。对此，高校要在校园育人体系中加入风险防范的内容，以凸显对大学生的人文关怀，加强对学生的思想管理和引导，提高他们的风险防范意识。

综上所述新时代大学校园文化的育人功能需要在先进文化教育的基础上，以培养新时代人才为目标，遵循文化育人的规律，充分发挥校园文化的育人功能，让大学生形成正确的价值观念。在新时代条件下，校园文化育人被赋予了新的含义。坚持以"以文化人"理念为指导，以育人为中心，了解大学生成长发展的客观规律，以文化感染人、塑造人。

第四节　高校校园文化育人功能发挥的策略

在新时代，高校校园文化育人功能的发挥应坚持以培养新时代人才为目标，因此，高校要充分发挥自身在组织上的优势，对校园文化育人体系进行整体规划，保证育人的正确方向；坚持先进文化在育人中的主导地位，加强校园文化育人平台建设；遵循文化育人的规律，要求教育者在实践中对校园

---

① 蒋菲. 当代大学生人生理想：基本内容与教育对策 [J]. 东北师大学报（哲学社会科学版），2016(3): 226-230.

文化育人的方法不断完善。以下从三个方面探讨发挥高校校园文化育人功能的策略。

一、重视校园文化育人体系的整体规划

校园文化在育人方面具有完整性、渗透性、潜在性的特点，对大学生思想和价值观的影响主要是以文化环境和氛围感染潜移默化地进行。高校借助自身的组织属性，从顶层设计对校园文化育人体系进行整体规划，来确保育人的正确方向。要充分发挥高校的政党系统、师资队伍等文化主体的育人作用；最大限度地利用各种文化资源，以办学理念和大学精神为核心，以制度文化作为保障，以校史馆、图书馆等设施作为支撑，营造良好的校园文化育人环境。《国家教育事业发展"十四五"规划》出台以后，高校纷纷对其规划内容进行了响应，结合自身的特点，制定了"十四五"校园文化建设规划。高校的这一举动充分体现了高校管理层对校园文化育人功能的重视，"十四五"校园文化建设规划的制定，为高校落实校园文化的育人功能提供了实践依据和思想指导。对校园文化的整体规划，可以有效地调动文化主体的积极性，实现文化资源的合理配置，充分释放各类教育要素在育人过程中的能量。

（一）构建多元主体合力育人模式

高校校园文化育人体系中的育人力量众多。高校校园文化是由师生共同创造的，因此，文化主体本身就是多元化的。充分发挥党政部门、教师等文化主体在育人中的作用，可以使校园文化育人的效果更好。

1. 发挥党政部门对高校校园文化育人的组织领导作用

在校园文化建设中，高等院校党政部门发挥着组织和领导作用，为构筑长效机制提供了保障，促进育人工作有条不紊地开展。通常，高校的精神文明建设和校园文化建设都是由党委部门负责的，这有利于坚持在校园文化育人功能的发挥中的党的领导，确保正确的育人政治导向。北京大学党委宣传部负责精神文明建设和校园网络文化建设，具体工作为对校园文化进行宏观管理，对社团的文化活动加强管理和指导，营造良好的校园文化氛围。清华大学党委宣传部也明确了职责：协调学校精神文明建设活动，制订年度工作计划和工作总结等。在规划校园文化建设时，党委宣传部可以从宏观上进行

设计，来确保育人的正确方向。同时，要重视辅导员在文化育人中的重要作用，他们处于大学生思想教育的第一线，与大学生的联系十分紧密。高校要加强辅导员队伍建设，提高其政治觉悟，从而有效引导大学生文化和行为的良性发展。

2. 发挥教师对高校校园文化育人的推动作用

作为教育工作者，教师在校园文化教育中起着主导作用。教师在教学中或者与学生交往时所展现的自我形象、文化价值取向和待人接物的态度都会直接影响大学生的思想观念。从本质上说，教育者价值引导力的大小取决于其自身综合素质的高低。高校要重视教师对大学生的引导和示范作用。要想提高教育者的引导能力，就要从提高其综合素质着手。要加强师资队伍建设，提高教育者的专业水平和师德师风，定期对教师进行培训和考核，建立严格的奖惩机制。只有提高了教师的素质，才能更好地发挥示范作用，为学生的成长带来积极影响。高校还可以通过完善教师晋升机制、考核机制等方法促进教师科研能力的提升。从高校的角度来说，建立高校师德长效机制可以通过以下几种方法：对教师进行教学指导，对典型事例进行宣传，对教师进行考核监督，对教师进行奖励或处罚等，充分发挥学校在制度上的约束力。师德建设机制为教师综合素质的提高提供了外在力量，同时，教师自身也要努力提升学术理论水平，遵守学术规范，坚定理想信念。

（二）注重校园文化育人环境的打造

建设高校文化育人环境，要坚持社会主义核心价值观的引领，以中国特色社会主义文化为指导，对高校校园文化建设的整体规划加以完善，坚持办校理念和大学精神的核心地位，把制度文化作为保障，以图书馆等硬件设施为基础，打造良好的育人环境。

1. 凝练大学精神

大学精神是校园文化的灵魂。在新形势下，高校要注重大学精神的建设，利用校园文化"软环境"对大学生进行正确的价值观和人生观的引导和塑造。高校的主要任务是进行教学和科研，良好的学术氛围对学术精神的塑造有着重要意义。大学生的主要任务是学习，因此，高校要注重培养师生的学术精神，引导师生树立学术诚信意识、创新意识和合作意识，形成良好的学术氛围。高校还应坚定以人为本的教育理念，尊重学生的性格特点，处理好教学与管理的关系，形成人格平等、互相尊重的师生关系。另外，高校要尊重文化的多样性，以包容开放的态度来吸收各种文明中产生的文化成果。

2. 强化校园制度文化建设

高校思想政治工作应展现人文关怀，如果师生在一味地追求权力和晋升速度的氛围中生活，那么，就会使学术研究变得功利化，师生的创新意识和创新精神也会受到不良影响。因此，高校要将"立德育人"作为根本任务，其中，人才培养是其核心。在建设制度文化时，高校要凸显民主化和人文关怀，增强自身的服务观念，以大学生的成长作为工作重心，使学校始终保持学术自由。

3. 美化校园物质文化环境

高校校园环境规划应做到协调统一、合理规划。加强高校校园人文景观建设，通过景点设计，如立雕塑和纪念碑等方式，加强校园环境的感染力。要对图书馆、博物馆这类文化设施进行改进，为大学生提供良好的文化学习环境。加强校园物质文化建设，提高其实用性和观赏性，使大学生在舒适宜人的校园环境的影响下，情操得到陶冶，从而培养其爱护校园的思想意识。

二、加强校园文化育人平台建设

校园文化的育人功能要在一定的平台上进行。加强文化活动、网络文化等育人平台的建设，有助于强化校园文化建设，弘扬先进文化。平台建设的好坏在一定程度上影响校园文化育人功能的发挥。因此，新形势下，教育工作者应明确立场，主动掌握文化传播的话语权，加强校园文化育人平台建设，从而有效发挥校园文化育人功能。

（一）加强文化活动平台建设

文化活动是校园文化育人的载体，丰富其形式可以吸引更多的大学生参与进来，从而取得更好的育人效果。在校园文化育人中，文化活动具有十分重要的作用。从功能上看，文化活动是文化产生影响的媒介，教育内容从内化转为外化，同样离不开文化活动。所以高校要重视文化活动的建设，组织更为形式多样、内容丰富的文化活动，从而更好地发挥校园文化的育人作用。校园文化活动既要形式新颖，又要内涵丰富。

1. 拓展主题文化活动

主题教育是传播先进文化的主要方式。将主题文化和文化活动相结合，避免只注重形式，而忽略了内涵，这样，其育人效果才能更好。有学者提出，培养高校师生对中国特色社会主义的理论自信、文化自信和道路自信，使主题文化活动在新时期具有更丰富的内涵。① 在《高校思想政治工作质量提升工程实施纲要》中，还提出了开展"我的中国梦"等主题的教育活动。具有鲜明主题的文化活动能够传达主题鲜明的教育内容。要解决文化活动过多而无法达到育人效果的问题，教育工作者就要在文化活动主题的选择上下功夫，不仅要有明确的立意，还要具备深刻的教育内涵。要关注时事，活动主题要符合时代的发展，在重要的时间段开展相关的文化活动，从而促进主题文化活动育人功能的发挥。

2. 以学生社团为依托开展丰富多彩的校园文化活动

在高校党委的统一领导下，以大学生社团为依托，开展丰富多彩的校园文化活动，是加强文化活动平台建设的有效方法。学校团委对学生社团进行管理，学生社团会开展丰富多彩的文化活动，大学生的积极参与对其自身知识的丰富、素质的培养和良好值观的形成有着至关重要的作用。以学生社团为依托，开展校园文化活动，可以更好地推动校园文化育人作用的发挥。学校社团分为很多类型，如思想政治社团，可以通过组织红色教育活动来提高大学生的政治素养，并加强自身的理论教育；学术类社团可以把专业知识和文化活动结合在一起，使大学生的兴趣爱好更加丰富，文化涵养也得到提高，并锻炼他们的实践能力，使他们得以全面发展，为成为新时代的主人打下基础。所以，高校必须对学生社团加强管理，强调管理制度，并严格执行；团委要对深入挖掘学校的文化资源，打造优质的社团活动，来体现本校的办学理念和学科特色。

（二）加强网络文化新平台建设

互联网改变了人们的生活，现代人很多情况下都是在网上沟通交流，并通过互联网进行购物、学习，获取新闻资讯，互联网不但为人们的生活提供了便利，而且使得人们的思想和行为发生了重大变化。高校在进行思想政治

---

① 李艳. 在新时代新要求中拓展高校主题文化活动 [J]. 红旗文稿，2017(24): 28-30.

工作时，互联网就已成为基本的外部环境。大学是传播先进文化的重要场所，大学的老师和学生也是使用互联网相对频繁的人群，因此，网络文化已经渗入到大学校园的文化中。因而，网络文化对校园文化育人功能的发挥有着一定的影响。网络语言具有年轻化且多样性的特点，学生普遍乐于接受，因此，我们要将网络文化作为载体来传播校园文化，增加校园文化的吸引力和亲和力。具有开放性、虚拟性的新兴媒体的出现，使现实社会与虚拟社会的界限变得模糊，从而使网络文化更加多元和复杂。这种有着复杂观念和取向的网络文化很可能对校园主流文化的地位造成冲击，从而对校园文化的育人效果产生消极影响。除此之外，网络世界是虚拟的，这就导致高校很难掌握其监管力度。要想维护大学生良好的思想意识，高校教育者必须防止通过网络散播不良信息来影响大学生的思想，要通过新型的媒介将先进文化传递给大学生，加强网络平台建设，使学生在健康积极的网络环境中学习和成长。

1. 优化网络资源配置，加强主流媒体建设

随着网络越来越发达，人们在思想上和行为上都被网络信息所影响着。特别是大学生，他们学习和生活中所获得的很多信息都来自于互联网。因此，为了促进大学生的健康成长，学校一定要对网络环境进行优化，扩大主流媒体的影响力，加强主流媒体建设，使其占据主要的网络阵地，传播正能量。只有这样，高校才能掌握话语权，并在校园文化育人功能的发挥中占据主动权，保证育人方向的正确。同时，高校还要对官方网站的系统和内容进行优化，在网络中拓展宣传渠道，利用公众号、微博等平台宣传红色文化和优秀的先进文化，占据中国特色社会主义文化的网络文化宣传空间。用各种文化形式对社会核心价值观进行生动且具体的阐述，用优秀的文化作品向大学生传达正确的价值观，告诉他们什么是真善美，什么是假丑恶，从而提高网络文化育人的有效性。

2. 强化对网络舆情的监控管理

2017年，中共中央、国务院颁发的《关于加强和改进新形势下高校思想政治工作的意见》中提出，要对校园网络安全加大管理力度，营造健康积极的网络环境。在如今的信息化时代，人们越来越依赖网络，会在网络上获取各种信息。但是，现在的网络环境越来越复杂，上面有很多不良信息。比如，名人的丑闻、低俗的图文，等等，这些信息的发布者不顾及公众的社会利益，

只追求个人经济利益，增加了网络世界的阴暗面，扰乱人们的视听，影响了人们的三观。大学时期是学生成长的关键时期，大学生的价值体系还没有形成，所以，对于网络上的信息，他们还无法对其进行筛选和过滤。他们无法透过现象看背后的本质，也没有理性思考其中的问题的能力，所以就容易被一些不良信息所吸引。因此，高校一定要重视网络安全工作，屏蔽不良信息，关注网络热门和师生的言论，对舆情动向做到及时了解；成立网络问题处理组，早发现问题早解决，以防舆论蔓延。除此之外，学校还应注重学生自身素养的提高，开展教育活动，如"远离校园贷款"主题活动，提高学生明辨是非的能力，防止学生被不法分子所误导，从而做出损害学校形象、影响自身发展的行为。

三、完善校园文化育人方法

校园文化要更好地发挥育人功能，就要重点关注对大学生产生重要影响的文化育人的要素。文化育人的要素不同，所采用的育人方法也就不同。在育人的方法上，要对文化特有的柔性力量和潜在性加以重点关注，校园文化会在潜移默化中影响人、教化人；突出文化环境对大学生的熏陶与感染作用，在生活实践中进行育人工作。校园文化的特点导致校园文化的育人形式是多种多样的。在新形势下，高校不仅要认识到校园文化的育人规律与特点，还要对育人要素进行充分利用，不断对校园文化育人方法加以完善，使校园文化能够以文化的感染、激励、约束和体验等方式影响大学生的思想和行为，从而使大学生得到全面发展。

（一）渗透教育法

校园文化在育人方面有着渗透性的特点。在教育过程中，可以将校园文化内在的文化价值渗透到大学生的学习和日常生活中去，形成良好的育人氛围，从而使大学生的思想在潜移默化中改变。渗透教育法是隐性的，其育人性隐而不露，目的是防止直接教育使学生产生疲倦感，这是校园文化在育人时经常用到的方法。这个方法的关键之处在于对文化环境进行营造。教育工作者要注重校风、良好的课堂氛围与学生学习氛围的营造，在大学生的学习与生活中注入学校的育人理念，润物无声地引导学生树立正确的价值观。可以采用多种育人方式来营造校园文化。例如，学生社团可以举办一些文化活动，来加强社员间的联系，丰富学生的生活，激发其兴趣爱好；学校还可以通过新媒体来影响学生，利用公众号、微博、短视频 APP 等网络平台传播先进文化，引导大学生树立正确的思想观念和积极进取的生活态度。渗透教育注重营造文化氛围，而小至布置环境、利用宣传口号，大至规章制度限制，甚至是师生互动，都可以在一定范围内形成独特的文化氛围。健康、和谐的文化氛围能给学生带来良好的情感体验，使其在不知不觉中被文化所影响。

（二）感染教育法

从字面理解，感染就是以语言或其他形式使他人具有相同的感受与想法。因此，感染教育法就要从情感出发，通过文化的内容和形式，打开学生的情感世界，使其受到感染和感化，使他们从内心真正接受并认同校园文化在育人方面的作用。感染教育法主要是从情感上使人震撼，并引起人们的共鸣。一般来说，学生容易对表达生动、情感浓烈的文化表现形式产生共鸣，从而由被动变为主动，自发地去接受校园文化的熏陶。在新形势下，要凭借感染性的教育对学生的理想信念进行教育。丰富校园文化的媒介，凭借优秀作品的感染力来影响大学生，这也是感染教育法的实施方法。可以组织学生们观看优秀的主题电影，如《大国崛起》，并对英雄的生平事迹进行实地考察。通过这些方式，能够在一定程度上触动大学生的心灵，对大学生的爱国主义精神和人生观的形成具有一定的作用，提高他们的精神境界。激发大学生情感体验的方法有很多，如故事情境、艺术形象的感染等。教育者应尽可能地利用这类优秀作品来充实校园文化的育人形式，引起大学生情感上的共鸣。大学生会在优秀作品的影响下主动接受文化带来的影响。在采用感染教育方法时，教育者既要了解学生的成长经历，又要了解学生的个体差异，将满足学生情感的需求作为出发点，组织有针对性的文化活动。比如，评选校园先进人物，利用先进人物的事迹，发挥大学生榜样的示范作用；组织大学生去敬老院、孤儿院做志愿者，使大学生通过志愿者活动来提高自己的思想情操；引导大学生多参与集体活动，如校运会、文学作品大赛等，以此来充实校园的文化活动，提升学生的集体荣誉感，并通过活动氛围的熏陶，达到以情育人的目的。

（三）激励教育法

校园文化具有群体性，文化育人工作可以利用这一特性带来的独特力量，使个人为群体的目标去努力。激励教育法是通过校园文化的正能量来激发学生的主观能动性。比如，优秀学生的示范作用，就能够使广大大学生的道德素养得到提高，使其努力学习和规范自我行为的内在动力得到提升，促使他们成为更好的自我。

可以建立奖励机制，来促进育人功能的发挥。可以建立完善的奖学金制度，对学生进行评优评奖，来促使学生在学业上积极进取，从而促进学校良好学风的形成；对品行好的学生在物质和精神上给予嘉奖，促进大学生形成良好的行为习惯，鼓励他们把道德意识落实到道德实践中。校园文化的形成动力其实是一种精神上的动力，这种动力是推动大学生进步的内在动力。在校园文化发挥育人功能时，激励教学法的实施有多种方式，如引导学生树立远大理想，激发其自觉提升精神境界的潜在力量；树立典型，惩戒错误典型，宣扬优秀人物代表的事迹，规范学生的日常行为；培养学生的竞争意识，充实学生的文化内涵，提高他们的能力与素质。教育者在运用激励教育法育人时，要了解学生成长的时代背景，结合他们的内在需求，使他们自发形成不竭的发展动力；同时，要制定相关的奖惩机制，确保教育法的顺利实施。

（四）实践教育法

行为文化不仅是校园文化的组成部分，还是它的表现形式。组织多姿多彩的实践活动，能够加强行为文化建设，使学生在活动体验中提升自身的思想意识。对高校校园文化而言，文化活动为育人提供了重要载体，丰富的校园文化和志愿者活动是新时期文化育人功能发挥的实践资源，它们可以促进大学生思想意识的内化与外化。校园文化在育人时要尽可能地运用实践的教育方式，对实践中蕴含的育人内容进行挖掘，把实践的教育方式和文化育人的内涵相结合，使大学生在实践中得到文化的感染，提高他们的道德实践能力。实践教育法还可以使大学生的创新意识、主体意识得到充分的发挥，这也是新时代文化育人的目的之一。红烛志愿者协会组织了以保护环境、服务社区、支教等为主要内容的各种志愿服务活动，在学生参与的过程中，培养了实践能力和服务精神，这大大地促进了本校的校园文化建设，形成了文化的品牌特色，大学生在实践中获取知识、坚定信念、磨炼意志，有利于其思想意识的内化与外化，为校园文化育人功能的实现提供重要的途径。学校可以通过成立学生会、成立社团等方式，让大学生积极参与到各种活动当中，通过这样的实践活动来感受文化氛围的熏陶。

（五）约束教育法

高校中的规章制度体现出独特的制度文化，教育者在教学管理中体现的管理文化，可以通过对大学生产生的内在与外在的影响力来约束他们的言行。如上所述，校园文化具有约束性，它可以通过道德标准和制度文化，对高校的教师与学生在行为上和心理上施加影响，使他们不得不注意自己的言行举止，以适应校园文化的要求。在新的时代背景下，使管理载体对大学生良好习惯养成方面的促进作用得到有效发挥。总体而言，教育者必须要改进教学、科研和日常服务，唯其如此，才能更好地发挥约束教育法的作用。要以学生为主体，以促进其健康成长为目标，运用约束教育法实现校园文化的育人目标，树立以人为本的理念，建立健全的制度，纠正学校一些部门的行政作风问题，形成良好的管理文化，以服务师生作为目标，从以往的"严管"转变为教育，尊重学生，信任学生，促进大学生自主管理能力的提高，体现学校的人文关怀。

（六）自我教育法

发挥校园文化育人功能，要将文化引导和自我教育相结合，除了文化的渗透、激励、约束、感染等外在作用的发挥之外，学生的自我教育也是非常重要的。这就是自我教育法。自我教育法即受教育者根据自己的发展需求，通过自我修养、自我调节等方式，来提高自我和完善自我的方法。① 校园文化必须通过大学生自身的内化和内心的接纳，使大学生在文化环境的熏陶和感染下，慢慢地改变自己的行为方式，不断自我提高。从这个意义上说，校园文化的育人功能的重要环节就是学生自己对育人内容的内化和主动接受。教育者在开展育人活动时，要注重培养大学生的自我意识和参与感，使他们主动接受先进思想的引导，并积极接纳，从而实现自我提高。作为教育者，应该致力于激发大学生提升人文素质的积极性，在良好的文化环境中，培养其自觉学习的习惯、自我调节的精神，促使学生对于校园文化的影响能够积极主动地接受。

在新局势下，文化育人的思想形成了更加丰富的理论，被时代赋予了更

---

① 周琪，靳玉军，王永友．思想政治教育基础理论前沿问题研究［M］．北京：人民出版社，2019：118．

加充实的内涵。开展思想政治工作时，要在把握时代特点和要求的基础上，努力促进校园文化育人自觉性的提升，并通过实践，对校园文化育人活动进行整体的规划，建设育人平台，对育人方式进行综合应用，从而丰富校园文化育人的内容，拓宽育人的途径。

第三章　高校校园文化建设主体分析

第一节　高校校园文化建设主体的作用及多元性

高校校园文化建设是一项系统工程，其主体是包括党政工团多方在内的多元主体。只有高校全体师生和行政管理及服务人员都充分认识到自己在校园文化建设中应担负的责任，才能在教学、科研、管理等各种活动中共同打造良好的校园文化。

一、高校校园文化建设主体的重要作用

主体一般指具体实践活动和认识活动的承担者；客体是指承担对象的客观存在物。主体与客体是成对出现的，没有主体，客体就不存在，同样，主体的存在建立在主客体关系之上。主体在与客体的功能关系里，处于支配、主动地位，客体则处于受控、被动位置，这也决定了主体具备自主性、选择性、创造性与能动性，能够根据对象与事物的不同进行不同的决策。一般来说，主体是人，客体是自然。高校校园文化建设的方案、纲领、规划的制定与实施，都是由人来完成的。明确主体的构成和职责，既有利于各种主体进行角色认知，也有利于学校科学地安排角色，从而形成富有战斗力的管理实施系统，保证校园文化建设顺利、高效地进行。

对于高校校园文化建设来说，"高校人"是主体，校园文化则是客体。校园文化是学校形成与发展的过程中产生的，它同样是在校园内部客观存在的

一种文化现象，它随着学校的产生而出现。高校的校园文化是高校全体师生所创设的一个能够反映出高校师生的群体心态、理想信念、行为规范、价值取向、团体意识等方面的特点和内容的独具魅力与特色的精神文化、物质文化和制度文化组建的系统。校园文化的主体必须是人，因为它的建设属于一种有意识性的实践活动。对于一所大学来说，该校的校园文化建设主体是曾经在这个校园中生活过以及正在其中生活的每一个"校园人""高校人"，如"北大人""清华人""人大人"，等等。

二、高校校园文化建设主体的多元性

高校校园文化建设的主体是多元性的。高校的校园文化建设是比较复杂的系统工程，它并不能由某个群体或个体而完成，而是要所有处于校园中的人的共同参与。开展校园文化建设，应在学校党委的领导下，建立党、政、工、团齐抓共管的工作体制。校园文化建设的主体既包括学生，又包括教师，还有广大的党政管理干部、后勤服务人员等。可以说，凡是与高校校园这个空间发生联系的人，都是校园文化建设的主体。

校园文化的诸多特点与丰富内涵都需要校园文化建设的主体具备多元化以及多重性。"高校人"指的是生活在高校校园里的所有群体与个人，这些人因为处在不同的位置，所以肩负着不同的使命、责任。高校校园文化指的是由"校园人"或"高校人"共享、共建以及共有的群体文化。在校园文化中，多重主体参与、协作是其生长、延续、发展与传递的根本保障。唯有多重主体达到各司其职、齐心协力、分工合作，大学校园文化建设才可以健康、科学与和谐地进行。

尽管学界对校园文化建设主体的划分并不完全一样，但大部分的专家、学者都保持着几乎一致的观点，也就是校园文化是将教师、学生和党政管理服务人员作为主体而产生的，而不是由单一主体创设出来的。从学校管理层级上讲，以校长、党委书记为核心的领导班子是最高管理级，主要侧重于规划和决策方面，如方针的提出、人财物的安排等；各部门和各学院属于中间管理层，范围明确而具体，进行指导、调解和服务；教师和学生属于一线的主体，他们具体地完成校园文化建设的任务和目标。

我们把校园文化建设主体分为学生和教职员工两部分。学生包括在校学生和已经毕业的校友，而教职员工既包括教师，也包括管理人员，其中管理人员既包括学校党政领导，也包括一般的管理干部。另外，教职员工中的后勤工作人员和公共服务体系工作人员也是校园文化建设主体的重要构成因素。

第二节　大学生在高校校园文化建设中主体性的发挥

大学生是高校校园文化建设最重要的主体。在高等教育系统中，大学生作为高校的核心成员，具有主体性的地位是一个不争的事实。

一、大学生在高校校园文化建设中主体性发挥的重要性

（一）符合校园文化建设的目的

让大学生拥有更加丰富的人生经验，帮助其树立正向的文化价值观，以及对大学生的文化情操进行陶冶，就是校园文化建设的目的。[①] 校园文化建设应该采用多种不同的途径，使大学生的主体作用得到充分发挥，最终达成对学生进行文化熏陶的目标。作为高校校园的主体，大学生具备社会实践、创新能力、主见和思想的青年，因此，他们具备一定的主导性。大学生可以利用外部的环境对自己进行思想活动上的自我认知，并主动对自己的行为与思想活动进行调节。为了学生的自身发展，让其参与到校园文化环境的建设中去是非常有必要的。其中比较有效的一种方式便是参加校园学生社团。学生社团是一种由学生自愿参与并有正式规章制度的学生组织，其目的在于满足学生自身的兴趣爱好，实现其共同愿望。他们以共同的兴趣爱好为基础，不同年级、不同专业的学生聚集在一起，进行多种形式的校园文化活动，整个社团的成员会在事件的探讨与思想的碰撞中实现各种文化的交融。这样一来，不仅能够使大学生的校园生活得到丰富，还能让大学生的能力得到锻炼。与此同时，社团作为学校内的组织，是校园文化活动中的重要构成部分。社团凭借着各种各样的活动吸引众多大学生，通过参加社团，学生的主体性得到

---

① 蔡振春. 高校校园文化建设中学生社团发展的思路探析 [J]. 湖州师范学院学报，2016，38(12)：71-74，100.

了发挥。学生为了社团变得更加美好，都会积极踊跃地献计献策，以此来推动社团的发展与传承，社团也被越来越多的师生所认可，从而吸引更多的学生参与其中，这也使得社团的凝聚力得到不断提升，离建设出良好的校园文化更近了一步。

（二）尊重大学生成长的自然规律

社会存在对社会性的形成起决定作用，社会性的形成能够反映出社会的需求。[①] 这就是说，社会需求层次影响着大学生主体性的发挥。对大学生而言，他们的需求呈现出多元化的发展特征。需求的多元化会对大学生的价值观念产生直接影响，从而产生许多不同的文化形式。此外，大学生价值观念的形成也在一定程度上受成长环境这一因素的影响。随着社会经济的发展，社会价值观也发生了相应的改变，在确立社会主义市场经济之后，传统观念里的单一性文化理念慢慢转化成多元化的文化观念。人们对文化的认识，文化水平、社会层次及形态上的不同，都是引发不同文化价值观的原因。大学校园方化建设要尊重不同的文化形式和文化价值观，尊重大学生成长的自然规律。

（三）满足社会发展的实际需求

随着改革的不断深化，社会主义社会的建设也进入到一个新的阶段。人们的思想在社会主义市场经济体制与解放思想、实事求是思想路线建立的基础上，得到极大的解放，社会的创造活力也得到了不断提升。高校发展的要求随着社会经济的发展而被不断提升，因此，如果想要跟上社会的发展步伐，就必须对校园文化建设进行加强。在思想政治教育内容方面，应该具备事实说服力与理论鲜活力，从而对现实社会生活进行敏锐、及时的反映。一方面，人才实践与理论引导是社会不断进步的需求，高校不但是传播理论思想的非常重要的阵地，而且还推动了社会科学技术与先进文化的进步；[②] 另一方面，民族的兴旺与国家的进步在社会的发展过程中，需要通过高校的办学水平来体现。倘若一个国家具备很多高水平的高校，那么，其在理论思想、科研力

---

① 王旭嫐，李倩.民族高校学生社团在校园文化建设中的作用研究——以西北民族大学为例 [J].读书文摘，2016(20): 93.

② 蔡奕.试论文化自觉视野下的高校校园文化建设 [J].当代教育实践与教学研究，2016(9): 233.

量方面的起点就会高于其他国家，因此，这个国家的经济发展速度也会很快。只要对高校校园文化的相关知识进行分析便可了解到，其中包含了行为文化、制度文化、物质文化与精神文化等。其中，行为文化与精神文化对学生价值观的社会化起着重要的推动作用。它们的作用在于推进校园中学生主体对社会价值观与价值观体系的调整，使学生自身的道德品质得到全面规范，达到社会要求，并通过这种方式与学生的社会性的发展需要相适应。与此同时，作为校园发展过程中的主体，学生同样是文化建设过程中的坚实力量和主要实施对象，其个体角色最后都要向社会化方向发展，而丰富的校园文化活动能够使学生的能力、心理及知识等方面得到训练，帮助其做好进入社会的准备，加速学生符合社会发展的步伐，使其在适应社会发展的同时，体现出自身的价值。

二、高校校园文化建设中大学生主体性的主要体现

（一）大学生是高校校园文化建设的创造者和推动者

在高等教育的发展中，无论是学校积极适应学生的要求，还是被动接受学生的要求，大学生始终都是一种推动高等学校发展的力量。同时，大学生是高校校园中人数最多的群体，是高校校园文化建设的主要力量。作为校园文化活动的主要参与者和实践者，大学生的积极性和创造性的充分发挥是让校园文化充满活力和生机的根本保证与内在动力。如今的大学生具备比较强的独立意识与鲜明的个性；他们迫切渴望表达自己的想法，而反感传统的说教；他们崇尚自我、注重自身的发展与提升以及自我价值的实现：他们具备很强的参与意识，更加愿意积极主动地去追求自己所热爱的事物。高校校园文化建设的根本目的就是活跃校园生活，营造良好的氛围，树立优良的校风、学风、教风，为学生提供良好平台，使学生能够具备科学精神、学习意识与研究意识，从而全面提升其综合素质。大学生在组织参与校园文化活动中，价值需求被满足，能力得到了提升，整体素质得到了加强，大学生的智慧、激情、勇气以及精神为校园增添了生机和活力。也正是因为大学生对各种校园文化活动的发起、参与和组织，才点燃了校园文化，并推动校园文化建设持续向前发展。据统计，在大学校园的各类文化活动中，由学生自主发起、自己主办的活动所占的比重越来越大，有的高校已经占到总活动数的一

半以上。事实证明，只要能够正确引导，大学生就能成为高校校园文化建设最积极、最有效的推动力量。

（二）大学生是高校校园文化建设的受益者和分享者

大学里最庞大的群体便是大学生，他们为学校带来了无限的生机与活力。大学生作为大学的服务群体，同时身上肩负着大学的希望与未来。校园文化建设的最终目的就是塑造、培育具备高素质的人才，大学内的众多活动都是围绕培育学生这一核心展开的。所以，学生的需要自然而然地成为校园文化建设的主题。因此，高校校园文化建设应围绕广大大学生来展开，使校园文化贴近学生生活实际，不断提升高校校园文化建设的时效性与针对性，使之富有吸引力、感染力，使大学生在积极推动活动的同时，成为校园文化建设的受益者和分享者。丰富多彩的校园文化活动使大学生活变得多姿多彩，使每个大学生都能够在校园文化活动里发现自己的一番天地，每个大学生都可以发挥自己的个性、兴趣与特长，在校园文化活动中，让个性得到张扬，让人格得到完善，让能力得到提升。

（三）大学生是高校校园文化建设的体现者和传播者

大学生生活在高校这个"象牙塔"中，通过日常的生活与学习来亲历校园的文化、感受大学的精神。大学生在日常的学习与生活中的思、行、言，是学校的专业教学、思想教育效果的直接体现，此外，也是教育教学过程对其人格、思想及品行的影响的集中体现。不同的校园文化会对学生产生不同的影响，如一个文风笃厚且治学严谨的学校与一个自由散漫、学风不良好的学校对学生所产生的影响是大不相同的。学生的言谈举止不但表现了校园文化，而且成为校园文化构成的基础要素。大学生不仅是高校校园文化建设的亲历者，还是体现者和传播者。大学生通过不断地发展完善自己，来传播校园文化。大学生具有较强的主体意识，其独立的人格和个性气质特征也日渐成熟，能够发挥主观能动性，进行自我判断、自我学习、自我教育、自我管理、自我服务，从而达到自我发展与成长。他们在对人类文明进行持续吸收的同时，通过教师的指导进行创新、思考，不断给校园文化建设注入新鲜血液。大学的使命便是为社会培养和输送人才，而一代代的大学生从高校毕业之后，不仅把学到的知识奉献于社会，还将大学的文化和精神传播到社会中。正如一代又一代的"清华人"以"厚德载物"的勤勉风气影响着社会，而一代又一代的"人大"学子则把"实事求是"的务实作风带到了社会中。所以，是大学生让大学的精神与文化得以维系和传承。倘若没有大学生的继承和创造，大学文化的发展和大学精神的弘扬都将成为空谈。大学生完善与发展的过程就是校园文化进行延续、传承的过程。

大学生既是高校校园文化建设的推动者与创造者，也是直接的分享者与受益者，还是校园文化的传播者与表现者，三者是统一的。一方面，高校校园文化的发展需要依靠大学生充分发挥文化创造的主观能动性与积极性；另一方面，高校校园文化的最终发展目的是满足学生日益增长的精神文化需要，为学生的成长服务。因此，广大大学生在校园文化的建设过程中起到了独一无二的主体作用，他们也成为高校校园文化建设的主力军。

三、高校校园文化建设中大学生主体性发挥的有效路径

（一）树立新型教育理念，确立学生主体地位

1. 学生主体地位的确立，需要改变传统思想的束缚

要对传统的教育方法进行积极改变，尤其是要有效转变传统的灌输式的教育方法。要尊重学生的主体地位，让其主动性得到充分的发挥，在教育过程中要积极引导学生的思想，让其能够正确认识校园文化。教师应该结合实际案例，并运用真理与事实，让思想教育的内容变得真实可感，更好地将民主的引导与理论的灌输进行有机的融合，培养大学生主动思考的习惯，以理解实际生活案例为基础，而树立正向的人生观与价值观，并积极地去践行。

2. 要创建民主的文化环境

高校的校园环境属于自然环境中的一种，它不仅包含高校内部的基础设施建设等，还包含高校内外部共同构成的人文环境，属于一种内在表现。精神家园的建构是思想政治教育人文关怀的最终使命，即帮助人们进行正确的人生理想与信念建构，从而让人们形成精神归属与完善的人格。学校的民主文化氛围会随着其历史文化底蕴的深厚而更加浓厚。如果一个学生身上不具备积极向上的思想行为和生活态度，那么，他遇到困难的时候，就不能保持健康的状态。作为文化创造的阵地，大学校园既要建设自然环境，又要关注良好人文环境的塑造，创建民主的文化环境。

3. 尊重学生主体地位

大学生往往更愿意接受和认可那些富于人性化的高校文化思想的教育。所以，高校校园文化建设要关注人文关怀，并在各个地方将人文化体现出来。将人文关怀运用于教育的各个过程中，并能够从学生的角度出发，真正地对他们进行关怀与理解。高校校园文化建设这种综合性的系统工程，只有在各个部门相互配合、协同工作以及学生主体地位得到充分尊重的基础上，才能进一步实现文化建设的有效性。对此，要学校要给予足够的关注，充分认识到学生主体地位的作用。由于校园文化建设过程中涉及广泛的内容，因此，如果只是依赖于某一部门或某一领导，是不可能达到预期效果的，必须在各个团队间进行有效合作的基础上，对学生的主体地位进行足够的关注，唯其如此，才能使效果达到最大化。

（二）优化学生参与渠道，发挥学生动手能力

第一，学生应该被作为校园文化制度创设的主要目标，制度文化就是人们对制度的执行和制度的内在规律性的认识。在高校的管理中，各种规章制度的制定与实施遍布各个领域。针对学生的生活与学习而制定的规定、约定，在不同程度上影响着学生的行为规范以及学校管理效率的提升。大学生已经具备结合自己的思维方式与价值观念积极参加校园建设的能力，能够将自己的创造力进行充分发挥，并打造出体现时代精神、时代内涵的高校校园文化。所以，站在学生实际需要的角度是制定高校校园文化的基础，要以学生为核心创建出可以使学生主体性得到充分发挥、符合学生需求的制度文化。

第二，应该努力加快创建出让学生积极参与的学生会制度。作为学生参与的学校组织，学生会在各大高校的管理中起到了至关重要的作用。在管理机制中，学生会属于具备行政管理性质的组织。学校如果想让其在校园文化建设中的作用得到充分发挥，就要适当进行放权。因为拥有自主决定权是实现学生自主管理的前提条件。这样做能够使学生的主体性得以充分发挥，实施自我管理，而学校只需要在宏观上进行正向的指导，以此来提高学生参与的积极性，实现学生组织管理的活跃性。

第三，应该在学生进行积极参与的前提下，对各种规章制度进行规范。作为校园文化的应用者与创造者，学生受到学校各种管理制度的约束与规范，所以，在制定各种规章制度的时候，要考虑学生的需求，并结合学校自身的实际情况。在提高学生参与的程度和积极性的同时，让其能够深刻认识自己

所肩负的责任，从而引发出其对学校文化建设的使命感与责任感。与此同时，在高校的管理过程中，建设畅通的反馈渠道也是非常有必要的。积极的反馈能够使高校的各种规章制度在吸纳大学生们的建议、意见后，实现对管理方式的进一步改进，以及对规章制度的不断完善。

总的来说，在进行校园管理的过程中，要坚持以学生为主体的原则，使学生参与性的提升、学校管理的民主一起实现。同时，为了让学生融入规章制度的制定中来，需要积极创设相应的参与渠道，而在参与渠道的拓展过程中，也应坚持学生的主体性地位。由学生构成的学生会作为高校管理中半官方的组织，不仅有学校管理的职能，还能够在一定程度上加强高校和学生的沟通。所以，学生会需要充分发挥其民主管理的作用，坚持以学生的主体性为主，组织各类丰富多彩的文化活动，提升学生参与的积极性，努力成为学生进行自我教育、自我服务、自我监督、自我管理的主体组织。要将现代科技充分融入学校管理制度之中。科学技术伴随着现代社会的不断进步，变得更加发达，学生也拥有了更加多样的参与方式。如学生与学校间沟通的渠道变得更加多样化。以我国当前高校建设为例，几乎每个高校都有本校的官方网站，上面设置了联系电话、留言专栏等，这样，每位学生都能在平台中发表自己的想法和建议。与此同时，大学贴吧与论坛的出现，也变成了学生主体性发挥的渠道。随着这些渠道越来越广泛，也让学生参与校园文化建设的积极性得到不断提升。

学生是校园文化建设的中坚力量，学校文化建设中的各项决策都对学生的学习、生活有着重大影响。学生主体性得以发挥的最佳参与方法就是学生代表大会，校园文化建设中的重大决定都由它来制定。学生代表是由普通学生构成的，它不仅能够为大学生发声，还能给学生提供服务，给学生群体参与决策提供了渠道。学生会的主要成员都是学生，能够设身处地地为自己的群体争取管理的权利。校领导要在尊重学生意见的前提下与之进行沟通，以充分发挥其主体作用、提高学生主观能动性以及让校园文化建设更加顺利、完善为目标。

（三）充分调动各个群体积极性，实现校园内外联动

1.强化学校领导的引导作用

首先，在引导学校发展方向的同时，学校领导需要高度重视校园文化建设，并体现学生的主体作用，进一步推校园文化的建构。国内高校通常采用的是校长负责制，它在一定程度上推动了校文化的运行。但由于校园文化属于在长期发展过程中逐渐产生的一种精神理念，它是通过全体师生的不断努力而沉淀出的一种历史文明，并非一日之功；所以，校园文化建设的实行，需要设计长远的发展目标，对校园资源进行规划、整合。为了达到落小、落细、落实的目标，需要在党委的规划与学校领导的积极引导下，对校园文化建设工作加以重视，制定相关的制度机制。

其次，领导和学生之间的沟通、交流也是非常重要的。高校领导在校园文化建设方面应该起到积极作用，在管理时应该以作为校园文化建设主体的学生为主，让其主体作用得到发挥。高校领导应在和学生进行积极沟通的基础上进行放权，将学生的力量进行合理利用，推进校园文化建设。高校领导可在建设校园文化的进程中起到榜样作用，在与学生进行及时交流的同时，采用校园 QQ 群、微信公共平台留言、电子邮箱以及校园论坛等方式，充分掌握学生的文化发展方向及需求，使全体师生在校领导的带动下加入到校园文化建设的队伍中。

再次，为了更好地领导校园文化建设，高校可以组建校园文化督查小组。它可以由学生处、团委、二级学院分管学生的工作人员来组建，主要对大学生的文明行为与文化建设等进行监督。监督学生坚持新时代中国特色社会主义的领导，树立正确的价值观，全面贯彻科学发展观，立足行为规范教育与文明礼仪教育，培养大学生遵纪守法、文明礼让的行为习惯。在实际落实的过程中，要制定相应的准则，并对督导人员实行业务培训，遵循委婉规劝、礼貌督导、态度真诚、用语规范的原则；让实地督促的职能得到强化。不同等级的督导人员要坚守自己的职责，各二级学院的督导人员要定期检查、巡视课堂、宿舍等公共场合；而校级督导队员主要检查学校食堂、道路等活动场所的文明情况。其检查内容包括：公共场合抽烟喝酒；乱扔乱倒垃圾；校园公共物品的损坏；男女之间交往的不得体；就餐不排队等不良行为。此外，还要全面监督学生的课堂纪律，包含缺课、早退、迟到等情况，统一管理宿舍的文化与卫生等方面，要对出现的不文明情况进行及时记录，对出现不文明行为的大学生进行悉心引导、耐心教育，努力营造浓厚的文化氛围，坚守校园文化的正确发展方向，让学生的主体性得到最大限度的发挥，使校园文化建设的效率得到全面提升。

2. 发挥广大师生的能动作用

首先，教师身上不仅承担着传授教学知识的使命，还肩负着传承校园文化的重要任务。身处这个多样主体、多元表达的氛围中，教师必须对教育实践活动的最优方式进行积极探索，以加强教育的说服力与引导力，在和大学生进行互动时，引导其积极参与校园文化的建设工作。教师是直接接触学生的群体，因此，他们深刻且直接影响着大学生的价值观与人生观，大学生健康成长的道路上处处都需要教师的指引。教师必须在传道、授业、解惑的基础上，为学生树立良好的榜样，让他们领会校园文化的理念、精神，形成人文教育、科学教育两者的有效结合。教师可以在日常的教学过程中，把现实校园文化建设和课堂知识教育相结合，让更多的学生加入建设校园文化的队伍，并将文化建设中所积累的实践经验应用于实际的生活中，使学生可以结合社会现象对各种法律与道德上的问题进行分析，引导大学生在学习与生活中遇到问题时，运用所学的理论知识加以解决，使其解决问题、分析问题的能力得到提升，进一步完成自己的学习目标。每个学科的教师都应该通过专业教学案例的方式，在进行教学信息资源拓展的同时，降低教学内容的难度，不断开创新的教法，提升教学效率，并为学生树立良好的品德行为榜样，引导其形成乐观向上的精神面貌，形成良好的校园文化氛围。

其次，教师要多组织与校园文化教育相关的专题讲座，在此过程中加入实际案例并进行全面分析。也可采取放映与校园文化建设、励志精神有关的电影，引导学生组织演讲、辩论赛等形式，在全面贯彻、融入实际案例的基础上，详细总结校园文化所起到的积极作用，让大学生的主观能动性得到提升。要让这类活动变成校园制度并长期实行下去。在该教育活动方式的基础上，学生可以形成良好的生活、学习态度，从而推动校园文化的健康发展，促进大学生健康成长。

3. 加强校园内外的联合作用

首先，将校园内的社会工作结构进行调整、优化。与社会组织共同组织形式多样的校园文化活动，如组织高校下乡队伍与志愿者服务，或者是校企合作，让学校、社会间的合作与联系更加紧密，以双方的有效交流为基础，努力达成和社会组织间的积极互动，使校园互动的发展空间得到不断拓展，让学生的主体作用得到最大限度的发挥。

其次，让高校校园文化建设走出校园。学校的建设工作应该在社会主义市场经济的高速发展下进行革新，唯有符合社会发展需求的校园文化才可以得到学生的真正认可。这就代表着高校在建设本校文化的同时，必须保持开放性，并不断满足现代社会的需要。通过丰富多彩的校园文化活动，高校可以得到更多和社会组织、团体进行互动的机会。这有利于校园文化活动得到社会人士和师生的肯定，拥有更广泛的群众基础，促进形成校内外间联动的合作机制。如，在双休日以及节假日中，引导、组织学生参加各个类型的社会实践活动，让学生的主体作用得以发挥；将所学的知识应用于实际生活中，在更深层次上感受日常生活。为了增强学生的文化理念，提升其思想政治觉拓展他们参加社会教育的内容，可以采取访问、参观、社会调查等途径，开展下乡活动、红色文化参观、农业活动体验等实践活动，这有利于提升学生的心理素质和实践能力，加强其社会责任感，提高其对学校教育的认可度。

最后，调动学生参与的积极性，对建设进程进行密切追踪。主要从以下三方面进行分析：

第一，激发活力，提高主动参与度。首先，应该对大学生加强行为上的引导，运用现代化的教育手段对教育内容进行创新。思想政治教育是校园文化建设的一部分思想政治教育、行为教育是紧密相关的，倘若只一味地进行思想政治教育，而没有对如何解决现实矛盾与实际困难进行足够关注，那便是治标不治本。可采取大学生宣言的形式，让其凭借自身觉悟形成正确的价值观，或组建各个组织，围绕节俭、环保、文明等方面开展活动。其次，合理看待心理健康教育。由于如今的大学生在价值观方面的取舍会影响其自身利益，在社会环境的变动中容易形成错误的心理认知，因此，高校要对这一问题加以重视，强化学生心理健康教育。在大学生形成价值观的最初阶段，可结合其思维方式、信仰追求及身心特点等，开设相关的"心理辅导课"，强化心理教育。在学校的思想政治教育课的基础上增加心理学的相关内容，使大学生的抗压能力与克服困难的能力得到提高，自强、自爱、自尊、自律的品质得到加强。除了进行充分的调研，还要详细地制定大学生心理辅导课程的内容，确立其具体形式。先设立心理健康咨询的专门机构，再组建专业的师资队伍，开设心理咨询服务，让大学生可以更加清晰地认知自身的行为，提高自我意识，最终达到提高其参与校园文化建设积极性的目的。此外，还要不断提升师生之间、学生之间的心理相容。心理相容，即处于同一群体的每个成员在心理上达到协调共通，或是两个人在风度气质、个性品格、思想观念、言谈举止等方面最少有一方面可以被对方肯定。群体的所有成员间达到心理相容可以促进彼此尊重、信任，相互支持、吸引与团队协作，不仅如此，它还可以使成员们产生良好的心境，促使其主观能动性得到更好的发挥。最后，是使青年的心理逆变得到彻底清除。可以看出，在高校校园建设中，要正确激发学生发挥主体性的前提是达到心理相容。要凭借心理相容的原则使学生的积极性得到提升，在心理教育上要坚持平等相待、以诚相见以及情感共鸣。心理相容的原则能够为校园营造出相互信任、融洽和谐及平等友爱的氛围，从而带动学生们更积极、主动地参与到校园文化的建设中。

第二，打造多元文化主题，提升吸引力。想要让学生的主体性在校园文化建设中得到更好的发挥，可借助校园文化活动这一关键的载体，在丰富多彩的校园文化活动过程中将实践和理论联系起来。此外，将各式各样的文化活动融入高校校园文化建设中，也可以营造浓厚的校园文化氛围。站在大学生的角度来说，参与活动并进行实际的活动策划、组织等，不仅让其积极性得到了提高，而且可以近距离地真切地体验校园文化活动的激情，从而进一步发挥其自身的主体性和参与性，得到不同层面的知识教育。要组织形式多样的文化活动，如校园辩论赛、学术讲座、校园运动会、社会实践以及志愿者服务等活动。借助多种形式的集体文化活动，不仅能够丰富大学生活，还能够为大学生创造表现自我的平台，通过不同的活动打造健康、良好的文化环境。学生可以充分表达自己的想法，不断提高参与的主动性，更好地发挥主体性，从而为校园文化建设贡献自己的力量。

第三，结合多种文化类型，使其影响力得到不断提升。首先，沟通交流方式向多样化发展，持续推动各类文化间的融合。对于当代大学生而言，网络大学生在日常的生活与学习中，使用微信、QQ 等已然变成了他们常态化的行为。要强化学生在校园文化建设中的主体性，就要充分结合高校学生的这个特点，对其进行合理的利用，创设网络沟通平台，对学生交流的方式进行全面拓展，让学生们能够及时沟通与传递不同的思想文化，达到学生与学生、教师与学生之间的文化思想交流，从多个角度对不同的文化效果与功能进行分析，努力推动文化繁荣。其次，不仅要对学校网络环境进行积极开发，还要创设专属学生的网络畅聊室，以此来使学生内部差异文化的碰撞、沟通得到增强。网络不但是及时掌握高校学生舆情的平台，而且是了解学生思想情况的最佳途径。学校可以结合学生的喜好创设一些网页、网站，发布一些话题度高的问题进行讨论，以此来促进师生之间关于不同文化思想的沟通与交流。这种公共平台的建立为他们提供了平等交流和学习的机会，让学生的思想道德品质得到潜移默化的提升，也为建设良好的校园文化提供了保障。此外，还可以建立论坛聊天室。学生可以从校园的 BBS 上搜集自己喜欢的一些文化话题，教师也要积极参与，多与学生进行话题的交流与沟通，并及时回复与记录，对学生的思想文化动态进行全面掌握，以便对学生们内心的疑惑以及在网上讨论的话题进行及时的辅导与全面的解答，使学生对各种类型的文化做到理性对待，使其文化思维在相互融合中得到扩展，文化教养得到提升。

第三节　教师在高校校园文化建设中主体性的发挥

教师是学校能否为社会主义建设提供高质量的人才，培养有社会主义觉悟的、有文化的、全方位发展的劳动者的关键。高校校园文化建设是高层次的，是极为复杂的社会文化生活的反映，包括对人生、真理与价值的思考，对现实生活的思考。它涵盖了哲学、政治、经济等多方面的因素，能在思想与感情深处影响人的行为，进而影响校园文化发展的趋向。除了知识和技能的培养外，培养大学生正确的世界观与人生观是其的重要目标，是德、智、体全面发展的必要因素。而教师作为人类灵魂的工程师，无疑是高校校园文化建设中的主力军，是高校校园文化建设的重要主体。

一、教师在高校校园文化建设中主体性的表现

高校校园文化建设的任务，除了对大学生进行知识的传授外，还要有思想政治教育，不仅要使大学生掌握过硬的专业知识，还要培养其关注社会、关注民生、关注国家、关注世界，要培养大学生的历史责任感与社会责任感，以及胸怀祖国、爱国忧民的情怀。教师是接触学生最多的群体，教师要为学生树立良好的示范，在工作中做到为人师表、严于律己，树立正确的职业道

德，形成志存高远、乐于奉献、敢于创新、关注未来、敏于学习、勤于思考的良好榜样。在培育优秀学风方面，教师可以推动学生确立遵守公共道德、维护公共秩序、明确学习目的、讲究学习方法、端正学习态度、遵守学校纪律、珍惜学习时间，杜绝旷课、早退及迟到行为，在学生中形成良好的氛围，从而对校园文化建设起到积极的促进作用。在培养学生全面发展的过程中，教师的主体作用主要体现在以下几个方面：

第一，教师凭借自身的科学研究与专业教学，来实现传统意义上的传道、授业、解惑，它对校园文化的建设起到了直接而重要的作用。教师的为人师表、言传身教的师风与师德，凭借其亲身示范，对学生的人生观、价值观与世界观起着潜移默化的作用，并对学生的修养与学风起着直接的影响作用。

第二，大学教师的教学活动与科研活动本质上属于文化的一种，它体现出所在大学的基础文化精神。那些具备卓越教学与研究的大学教师更能得到大学生的认可。因此，教师想要拥有更高的名望与地位，就要在一定程度上提高自己的学术成就。教学活动及研究不但使教师自身的知识结构得到不断变化并更新，而且这种科研创新精神能够传递给学生，启发、引导学生树立创新、积极和开放的观念，并以此来看待文化知识与科学研究，不断提升学生学习的适应性与积极性。

第三，大学教师队伍也是提升大学校园文化品位、品质的主要力量。从某种意义上来讲，校园文化属于一种客观存在，我们所提倡的建设，本质上是提升校园文化，也就是将高校的校园文化建设成高品位、高品质的文化。在大学教师的努力之下，大学会变成天然的人才高地与知识高地以及孵化高新技术产业、示范知识、传播知识与生产知识的阵地。大学应该抓住这个机会，奠定知识型文化的良好基础，从而使自身的文化层次、品位得到提升。

总之，教师通过创新与传递，让校园文化得到发展。古今中外，文化间的距离在学术氛围的浸染与熏陶之下得到缩短，也让大学校园进化成知识与文化的集萃地，从而产生并发展了新的文化。同时，教师在工作上做到严于律己，培养并形成良好的职业道德，有利于在整个学校范围之内营造良好的教学氛围和勤于思考、敏于学习的学风，为校园文化的建设起到重要的作用。

二、教师在高校校园文化建设中主体性发挥的主要方式

（一）名师大家行为示范的渗透作用

教师具有崇高的地位和重要的作用，担负着传播科学文化知识，培养合格人才的任务。教师是学生健康成长路上的指路人与引导者，是人类灵魂的工程师。课堂教学是校园文化建设的重要组成部分，优秀的教师在高质量的课堂教学渗透校园文化教育，他们以端庄的仪表风范、科学的教学方法、良好的职业道德，孜孜不倦地教书育人，营造严谨的教风和浓厚的学风，促进学生的心智和能力的全面发展。优秀教师的人格魅力、人生态度、价值取向、学术品格都会对学生产生巨大的影响。正所谓"经师易求，人师难得"，优秀教师不仅具有深厚的学术素养和功底，更重要的是，他们还具备崇高的师德，严谨的治学态度和与人为善的处世原则，既为学生，也为其他教师树立了学习的榜样。

名师大家作为一所大学的宝贵财富，往往能带动一大批教师积极从事教学研究，潜心钻研学术。全国各高等院校每年都会进行各种各样的评优表彰活动，众多的表彰都是为了一个目的，那就是彰显优秀人物的事迹，以促进更大的进步。学校此举表达出一种价值取向，即全体师生不会忘记这些名师大家对学校做出的卓越贡献，从而营造尊重知识、尊重教师、尊重人才的氛围，并通过名师大家的事迹宣传，影响和感染莘莘学子。通过这些举措，名师大家充分地发挥了在校园文化建设中的行为示范与渗透作用，形成积极进取、充满人文气息的校园文化。

（二）青年教师便于沟通的特殊作用

目前，在高校教师队伍中，青年教师的比例是相当大的，青年教师因其政治经验、兴趣、爱好等方面的特点而有别于老教师，因而在校园文化建设中的地位比较特殊。首先，青年教师受传统观念影响比较小，对新事物的态度更为积极，许多想法与行为更加贴近大学生，因此，更容易受到大学生的欢迎。其次，在年龄上，青年教师和大学生相仿，文化背景的差异较小，考虑问题的层面较接近。如此一来，青年教师和大学生的沟通障碍也较小，容易成为朋友。

在校园文化建设过程中，青年教师担任着非常重要的任务。目前，已有

很多学校认识到青年教师在学校教育中承前启后的重要作用，或对青年教师采取集中培训的办法，在师德和教学方法等方面加以强化训练，提高青年教师的政治和业务水平；或请教育专家和优秀教师讲学；或由老教师带年轻教师；或安排年轻教师外出进修等，采取各种措施，创造有利于青年教师水平提高的环境。

（三）辅导员及时引导的桥梁作用

现在的高校学生辅导员交由教师兼任，他们在高等学校的校园文化建设、人才培养、思想政治教育和校园安全稳定等方面都发挥了不可替代的作用。高校辅导员工作的重要目标和内容便是引导、协助学生树立正确的三观，解决他们在学习与成长过程中遇到的问题。目前，各高等学校都设有大量的辅导员岗位，总的来说，有以下几种形式：班主任（班级辅导员）、院系辅导员、宿舍辅导员。大多数学校都是由教师担任学生的辅导员，也有少数学校由高年级学生担任低年级学生的辅导员。辅导员作为高校教育管理工作的重要力量，不仅肩负着对学生进行思想政治教育的工作使命，还负责学生的一线管理工作。辅导员不但是学校各种工作的执行者、制度的代表者，而且是学生利益的代言人与守护者，是沟通学校与学生之间的"桥梁"和纽带。从这个意义上说，辅导员也是高校校园文化建设的重要主体。

高校辅导员时刻处在学生思想政治工作的最前沿。高校校园是一个多种思想相互碰撞、交融的场所。随着改革的进一步深化，目前，大学生所处的外部成长环境发生了极大变化，其一，西方敌对势力对青年学生进行分化、西化，在意识形态领域中的斗争非常复杂；其二，享乐主义、拜金主义等思想以及社会上的各种不良现象对青少年产生了很多消极的影响。面对各种各样的诱惑，如何提高修养、安心学习，不仅需要大学生自己调节把握，还需要辅导员认真履行职责，加强对其的帮助和引导。高校辅导员在对大学生进行思想政治教育工作时，要充分利用校园文化活动这一载体，让思想政治教育工作与学生喜闻乐见、接近其生活的校园文化活动相融合，对学生进行正确引导和教育。

大学辅导员在工作中要以民主合作的师生关系为前提，将导学的程序作为主要途径，重点对待学生的问题意识，提升学生的自控能力与自学能力，让学为主体、教为主导、练为主线，在课堂学习、实践操作模式等方面进行积极探索；将实践创造性活动与学科创造性教学作为重点，营造出开放、和谐、自由与民主的学习氛围，努力打造高品位、高格调及健康向上的校园文化，形成校园独一无二的人文风格，契合社会时代精神，建设优秀的育人载体。由于高校教师是校园文化建设中最贴近学生的主体，因此，切实加强师德建设，激发教师的积极性，有利于校园文化发挥其应有的育人作用。

第四章　高校校园文化建设及创新探索

第一节　高校校园文化建设的战略定位及思路

一、高校校园文化建设的战略定位

（一）以中国特色社会主义先进文化为主导

中国特色社会主义先进文化是在马克思主义的指导下开展的文化创新，它以中华优秀传统文化为根本，从中国的国情出发，在对国外的优秀文化进行大量吸收的同时，不断对自身进行完善、革新，从而产生了具备中国特色的先进文化。社会主义先进文化的产生和发展完全符合我国高校校园文化建设的需求和时代发展的要求，在整个革新的实践过程中，实现了社会主义先进文化的大众性、民族性、科学性、包容性与开放性的有机结合，对社会生产力的发展起着巨大的推动作用。这不仅仅是社会主义先进文化优越性的体现，更是文化自信的动力与源泉。所以，在推行高校校园文化生态建设的过程中，必须坚持中国特色社会主义先进文化的主导地位。我们必须意识到一个问题：文化中既包含着先进正确的部分，也含有落后错误的部分，而能够在潜移默化中对育人产生影响的，只有先进文化。因此，在高校校园文化建设过程中，要对这一点进行特别关注，要一直保持文化的先进性。

彰显国家文化软实力与综合国力的必由之路便是建设优质且和谐的高校校园文化生态。高校校园文化生态建设作为社会主义文化建设中的重要环节，在某种意义上是社会结构和政治结构的体现，它在展现国家和民族的文创软实力的同时，也被作为衡量国家综合国力的重要标准。马克思主义作为一种先进的理论，经受住了实践的检验。在进行校园文化生态优化的过程中，要将马克思主义文化观作为指导，其融入路径和培养社会主义接班人方向相同并有所重叠。要在加快高校的校园文化生态建设进程的基础上，不断融入中国特色社会主义先进文化，以此来应对校园文化生态系统建设中多元文化间互相碰撞所引发的一连串问题。为了使多元文化间的冲突能够得以化解，使学生群体的文化安全意识得到提升，抵挡国际敌对势力对我国进行的西化、分化，必须将多元价值观进行整合，让社会达成共识，提高主流价值观的影响力。所以，坚持将中国特色社会主义先进文化作为主导，是构成用文化塑造人、感染人的高校校园文化生态的基础。

马克思主义是为社会主义文化的发展指导方向的先进理论，其中包含的文化观成为探寻高校校园文化生态优化路径时所运用的核心理论。如今校内教职人员的重要研究课题就是怎样高效地使思想政治教育方法和马克思主义理论相融合，并反馈到校园文化生态之中。而让高校校园文化生态建设坚持正确的发展方向，使文化形式更贴合目前社会发展需要的重要措施便是跟随党的领导，并对中国化的马克思主义文化观进行不断吸收。中华文化博大精深、源远流长，它既是被运用于大学生思想政治教育的天然文化资源，又是对民族文化进行传承的核心。许多优秀的社会主义先进文化内容被融入高校校园文化生态优化的建设中，这也让其文化体系变得更加丰富，保障了其实践性与创新性。对大学生来说，先进文化为其道德素质的健康发展提供了力量和智慧。在推进校园文化生态优化时，要以文化为出发点，以文育人为关键点，既要注重学生的科学素养，也要对其日益强化的精神文化需要加以关注，并在此基础上组织一系列格调高雅且形式多样的校园文化活动，以积极乐观、健康向上为主旋律的社会实践活动，支持学生展现自我，展现青春，展现正能量。要始终将高校作为文化创新阵地，将教育作为优良文化载体的核心主旨，并矢志不渝地做文化自信的引领者与传承者，坚定不移地做文化自信的践行者。有位学者曾经说过："一种文化的活力不是抛弃传统，而是在何种程度上吸收传统、再铸传统。"[①]

（二）传承校园文化传统，培育符合时代发展方向的大学精神

大学精神是大学具备独特魅力的根本原因。在大学的发展过程中，具备独特属性的精神文明成果，即大学精神。它是大学教育实践和教育理念的结晶，特色鲜明的大学精神是对不同高校进行鉴别的重要标志，特色鲜明的大学精神便是大学的精气神，是一所大学的灵魂与本质。在一座有着深厚历史积淀的高校校园中，即使它的硬件设施老旧，环境也不美好，但是，其空气里弥漫着的强烈的书卷气息，也能让你在不经意间感受到时间沉淀的痕迹和历史的沧桑，从而产生强烈的认同感并无比向往。虽然现代化的大学硬件设施完善，校园环境优美，但历史悠久的高校的书卷气息和历史氛围是无法替代与超越的，这便是文化沉淀的魅力所在，也是大学精神能够持续为"校园人"提供精神养料的根本所在。因此，可以理解为这种特色便是大学自身的气质魅力的体现，这样的校园文化生态也会影响着每一届在这里研习成长的学子，他们的身上也会凝聚该校内涵丰富的大学精神，这种精神会伴随他们一生，让其以后的人生道路上走得更远、更扎实。这便是我们一直探寻的高校校园文化生态优化中的大学精神的弘扬与培养。

根据党中央对文化事业建设和时代发展的实际要求，要将高校校园文化生态中教育资源丰富与多元化这一优势进行充分发挥，汇集校园文化生态中的优质先进理念，构成独特的大学精神。在高校思想政治教育和校园文化生态的结合过程中，必须坚持脚踏实地的态度，避免一味地追求速度。其原因在于两者在融合过程中需要大量的实践来磨合，从而找到发挥最佳学科交融优势的建构。在这个过程中务必要遵循客观规律，秉持适度的原则，避免出现极端化。在教育实践中，也必须一直牢记：在思想政治教育引导下建设高校校园文化生态，只是作为实现合理教化的途径，而不是最终目的，最终的目的是在校园文化生态中对学生潜移默化地进行文化人格的培育，从而让学生更加认同并积极拥护党的方针政策。培养大学生的爱国情怀，大力弘扬社会主义核心价值观，让高校精神文明教育得到进一步发展，培养、提升大学生在文化交流中的文化自信，实现大学精神的导向作用以及育人功能。

---

① 罗革云. 文化生态视角下的高校思想政治教育研究[J]. 长沙大学学报，2016，30（4）:129-131.

二、高校校园文化建设的思路

（一）坚持"以人为本"的理念

"以人为本"是科学发展观的核心内容，也是高校校园文化建设的基本原则。衡量一所高校的校园文化建设水平先应看其是否坚持"以人为本"的理念。因此，高校校园文化建设，无论是其立足点、出发点，还是其培育人才的目标，都应遵循"以人为本"的理念，坚持科学发展观的原则。

1.高校领导层，尤其是办学者，作为校园文化建设的掌舵人，更应坚持"以人为本"的理念。领导层、办学者的思想、理念及其涵养与人格魅力，直接影响校园文化特色的形成，其精神面貌决定着校园文化的面貌。同时，领导层、办学者对学校的定位、培养目标的选择与确定、校园文化的外在表现与内涵有着直接的影响。办学者和领导层的主张为校园文化引领方向，而其重视的程度也对校园文化的建设力度起着决定作用。

2.要将校园文化"三要素"的统筹发展放在科学规划校园文化建设的重要位置。校园文化构成要素包括校园物态文化、校园行为文化和校园精神文化，三者相互影响，相互促进，是一个有机整体，缺一不可，统一于校园文化建设全过程。因此，注重"三要素"协调发展，不能厚此薄彼，也不可只"一手抓"。事实上，建设先进的系统的校园文化，必须抓好"三要素"建设。只有科学规划、协调发展"三要素"，高校校园文化才能健康发展。因此，我们要把校园文化建设这一重要举措纳进学校发展的整体布局中；让学校的硬件建设、师资队伍建设、专业学科建设及规模建设等和文化建设能够统筹兼顾，并制定校园文化建设的具体发展目标和措施，形成校园文化传统与制度，保障校园文化建设的各项目标得以实现；要把校园文化活动与精神文明建设纳入教职工思想政治教育要求和学生的培养计划之中，使校园文化活动服务于师生发展的要求。

（二）积极培育校园文化精神

校园文化精神是学校文化传统、价值体系、文化氛围与教育观念等方面的结晶和融合，也是校园文化之魂。校园文化建设的最终目标与根基便是培育校园文化精神。但是，校园文化精神并不是自然而然地产生出来的，而是长期凝练的结果。因此，要形成师生与所有教职员工都认同的先进校园文化精神，我们必须有意识地进行培育和引导。

1. 塑造精神品质，构建共同的精神家园

以校训、校风、校标等重要标识为载体，以丰富内涵、培育品牌、打造精品、提高品位为重点，大力开展延安精神、雷锋精神的学习教育活动，着力培育建设体现历史底蕴、时代特征和自身特色的文化精神，构建师生共同的精神家园；用社会主义核心价值观塑造师生员工的精神品格；用优良校风引领校园风尚，激发师生强烈的责任感、荣誉感、归属感。

2. 营造和谐育人环境，凝练校园文化特色

以促进科学精神和人文精神的融合为目标，用"尊敬学术、尊崇学者、尊重学生"的理念营造和谐的育人环境，构建独立思考、自由探索、潜心教学和科研的学术氛围。要挖掘校史资源，探索学校独特的文化内涵，提升校园文化品位，开展校园文化品牌活动评选工作，推动校园文化精神的提炼，为学校建设发展提供了强大的精神动力。

（三）发挥教师为人师表的主导作用

"教师是人类灵魂的工程师"，其完成"传道、授业、解惑"职责的过程，实质上是创造校园文化、造就凝练校园文化特色与精神的过程，在校园文化建设活动中发挥着巨大作用。教师作为向学生传播知识、增长学生智慧、培养学生能力的主体，是对学生进行思想引导、政治教育、道德规范和心理辅导的关键因素和重要环节，其"学高""身正"，独有的人格魅力，成为学生学习与进步的榜样。

固然，教师是学生的领航者、引路人，但不是学生的"保姆"，不可能事事关心学生，时时帮助学生。学生也应自主、自立、自尊、自强、自主发展。因此，现代教师要改变传统的教学理念、思想、手段与方法，与学生建立平等的学习、探讨的关系，在保证学生主体能动性的前提下，最大限度地发挥主导作用。这种主导作用逐渐实现的过程，也是潜移默化地形成校园文化的过程。在现代教育过程中，我们要重视并充分发挥教师的主导作用。

（四）充分发挥学生的主体能动性

高校校园文化建设的出发点和落脚点是文化育人、精神育人，促进学生的和谐、自由与全面发展。学生是高校校园文化建设的直接创造者和参与者，

他们的创造文化、传承文化的主体能动性贯穿在高校校园文化的整个过程。所以，高校校园文化建设要充分发挥学生的主体能动性，尊重学生的文化意愿和要求，全面培养和提高学生的智慧、意志、能力以及个性发展。

1. 大学生通过参与活动创造校园文化

作为校园文化活动的主体，学生在积极融入校园文化活动的整个过程中，体现出来的激情、智慧、勇气和进取精神，一方面有利于丰富、发展和创造校园文化，另一方面有利于培养学生的求实创新精神，提高学生的综合素质，增强学生的荣誉感、归属感，消除"管与被管"与"教与被教"之间的隔阂，让师生之间实现良性互动，创设良好、和谐的校园文化环境。

2. 大学生通过发展自己传承校园文化

随着大学生在学习生理、心理和思想上的日趋成熟，其主观能动性与主体意识也随之增强，他们可以自觉地进行自我控制、自我教育与自我调节，进而实现自我发展。学生自我完善、发展的过程，也是校园文化传承与延续的过程。而这种潜移默化的文化传承，给学生的成长和成才提供了大量的养分，也为培育创新人才创建了平台。

（五）加强校园文化与社会文化的互动、协调发展

校园文化建设必须放到社会文化的大背景中去考虑。校园文化是相对独立的文化，但不是隔绝于社会文化之外的文化。其植根于校园，也从社会文化中吸取养分；其引领社会文化，社会文化也对其具有导引作用。校园文化既有自己区别于其他文化的特点，又与其他文化密切相关。可见，社会文化与校园文化两者在互相影响的过程中，为整个社会主义文化的发展贡献了力量。所以，有效处理社会文化与校园文化间的关系，是校园文化建设顺利开展的前提条件。高校的校园文化不仅要体现时代文化的精神特性，紧跟文化发展的趋势，还要迎合社会主义文化的发展需求，将社会主义文化的精神和内涵反映出来。社会文化和校园文化互动的表现是个体与群体、个体文化和群体文化间的碰撞、交流和升华。但最终还是要借助个体交往的行为来达成。所以，如果想要达成校园文化引导社会文化的目标，先要做到的就是培育出具备先进文化的个体，强化先进校园文化建设，最终实现社会文化和校园文化的统一协调发展。

第二节　高校校园文化建设取得的成绩

在一系列举措和长期探索的努力之下，我国的高等教育如今已然步入了普及的阶段，而高校校园文化在建设方面也取得了丰硕成果。

一、高校校园文化建设的物质基础显著提升

人们进行所有活动的基础和前提是物质条件。我国自改革开放以来，财政收入持续增加，与此同时，教育事业也获得了越来越高的投入资金，自2012年起，中央财政用于教育的经费支出已增加至国内生产总值的4%，与发达国家的支出水平基本持平。除此之外，各地政府也结合本地的经济发展水平，给予了部分地方性高校资金上的资助，为国内众多高校的基础设施建设提供了坚决的物质基础，在软件设施与硬件设施的建设上都取得了令人瞩目的成绩。一方面，硬件设施建设更加重视实用性和审美性的兼容，使教育的内涵更加丰富。如在部分航空航天类院校中会设计一些航天器造型的雕塑，而法学类院校则会打造象征法律公平正义的天平造型的雕塑等。由此可见很多高校在校园物质文化建设，特别是在景观建设上，已经有意识地进行建构和塑造；另一方面，为了进一步提升学校的办学实力以及推动自身的发展，更多的高校开始重视对校园空间布局的科学安排及基础设施建设长远规划。如此一来，不但教师教学、科研与学生学习变得更加便利，而且可以提升学校基础建设及财政投入的利用率。此外，许多高校的校园人文环境还包括部分标志性建筑，它们的存在不但是学校历史的见证，而且汇集了广大师生的思想精华。它们反映了高校校园物质环境所蕴含的文化占教育价值，甚至部分建筑物已成为享誉世界的旅游景点。从校园文化的内涵建设的层面上来讲，高校校园里的全部建筑物，不管是何种功能、何种形态，都组成了该校独一无二的客观物理环境，对在其中生活的师生起到了教育和感染的作用，彰显了学校的历史传统与办学特色。校园氛围、校园文化与校园环境的水平不仅对人才培养的质量有着直接影响，还关系到学校战略目标的完成，所以要对校园文化建设高度重视，努力打造环境优美、特色鲜明、极具品位且适合学

生生活、成长的新时代校园。① 从物质文化层面上来看，随着资金支持的不断增加，大部分高校都打造了设施齐全、环境优美、功能完备的校园，这便是高校校园文化建设取得的硕果，值得称赞。

二、高校校园文化建设的精神内核日益清晰

大学精神是高校校园文化的核心与灵魂所在。一个学校的风格特质和方化特色越清晰，就越能够产生巨大的感染力，从而更好地教育学生，将其培养为符合学校培养目标的杰出人才。对高校来讲，校园精神文化往往借助校歌、校风及校训等载体加以体现，所以许多高校在进行精神文化建设时，会通过以上的载体去凝练、廓清本校的精神文化核心。改革开放后，我国高校在校园精神文化建设方面取得了卓越成效，不仅有历史悠久的名校，还有众多新兴的普通院校结合自身的发展定位与办学，进行了精神文化建设。这些精神方化建设实践主要围绕两个方面进行：其一，对大学精神的培养越来越重视。"大学精神"即是对高校所应具备的一种普遍性的精神品质的概括，也是对高校在整个社会文化系统中所承担的一种引领功能及占据的重要地位的简称。培养大学精神，即培养学生树立和大学独立、包容、求新、求真的精神品格相同的意志品质，从行为模式、价值理念和思维方式等多个方面对学生进行引导。其二，在更具实操意义的角度强化校风、学风与教风建设，也是当前我国高校校园精神文化建设的重要任务。许多高校通过开展咏唱校歌、解释校训、设计校徽等各式各样的活动，让学生加深对母校办学宗旨与历史文化的认知，并进一步充实学校的精神文化内核，最终产生更具本校特色的精神文化，让校园的精神面貌焕然一新。

三、高校校园文化制度建设成果丰硕

系统、完备、科学的制度建设是创建一流高校的必要条件，所以，制度建设也是高校校园文化建设的重要举措之一，内涵丰富、科学、完善的制度可以促进高校校园文化发展的方向与框架的确立。一般来讲，高校的制度体系分成两类，分别是正式制度与非正式制度。其中，正式制度就是指学校实

---

① 赵玉虎．校园文化建设存在的问题与对策刍论 [J]．成才之路，2021(9)：36-37.

行统一行政管理的学位授予、校务公开制度及管理制度等，此类制度往往具备很强的普遍性与强制性，各大高校的设计基本相同；而非正式制度则是每个学校结合本校的办学特色与发展要求出台的各类更具有实效性与针对性的实施方案、准则、意见等，与正式制度相比，更能彰显出一所高校在文化建设方面独有的办学理念与育人宗旨。近几年来，制度文化建设在我国高校的实践中变得更加规范化与细致化，大到育人目标、办学方针与办学理念，小到学风教风、行为准则和道德操守，都日趋固定化、程序化和规范化。高校校园制度文化建设最重要的意义便是凭借其相对的固定性与强制性，让广大师生特别是青年学生养成良好的行为习惯，培养其创造性与独立严谨的学习能力。通过制度的形式将学校的各项规定进行确立，可以在师生的思想观念及言行举止与校园的规章制度产生矛盾的时候，有一个清楚的参照标准来进行自我教育、自我调整，最终让自身的观念、言行符合校园制度与规范的标准。由此得知，校园制度文化建设不但需要根据着社会主义先进文化的指导方向进行自身制度体系的不断调整、完善，而且还要对本校的办学目标与发展特色进行明确，让高校校园文化建设的制度架构具备更强的操作性与针对性。

第三节　高校校园文化建设的创新路径

随着中国特色社会主义进入新时代，文化发展也走到了关键的阶段，新时代发展背景下对人才的培养和高校文化的发展提出了更高的要求。高校要借助校园文化建设来加强自身的文化软实力，提高文化自信，实现立德树人的根本目标，推动大学生的全方位发展。具体推动校园文化建设的创新路径如下。

一、优化物质文化建设，彰显立德树人的时代内涵

高校全体学生和员工学习、工作与生活的基础便是高校物质环境，高校物质环境也是高校校园文化建设的基础保障以及高校校园文化建设的重要构

成部分，在高校校园文化建设过程中承担着重要的使命与责任。物质文化建设要将新时代立德树人的内涵体现出来，借助优美的物质环境陶冶师生的情操，感染他们的心灵，为学生学习与教师教学营造出良好的氛围。

（一）建设优美的校园环境

高校基础设施与校园环境建设都是物质文化建设的重要内容，它们能够对学生发展起到潜移默化的感染作用，在无形中陶冶学生的情操，净化学生的心灵，提升学生的修养。大学生在大学校园的学习和生活中由青涩步入成熟，其间不可避免地会遇到成长的烦恼，而清新、优美的环境能够帮助他们减轻压力、放松心情。此外，生活环境和人的习惯之间是相互影响的，生活在优美、整洁的校园中，学生也会自发地去珍惜这个干净的校园环境，从而约束自身的不文明行为、不良习惯，长此以往，大学生们也就会养成文明的生活习惯，具备良好的道德素质。校园环境不仅要干净，还要优美而有内涵，为了达到这一要求，高校可以在规划设计时，赋予校园景观以独特的内涵。可以让教学楼的建设与大学精神融合起来，将其设计为蕴含文化内涵的艺术形态；还可以在校园的小径上摆放样式新颖的展览板，将先进人物事迹、新闻、历史等在上面展出，以达到处处育人、物物育人的效果。除此之外，宿舍文化建设也是校园物质文化建设的一部分，学生宿舍也应该得到高校的重点关注。宿舍不仅是学生生活起居的场所，更是学生温暖的港湾，校园文化建设方面，可以在楼道的设计上体现文化气息，使宿舍的风格在实用的同时，更加优雅与别致，从而让大学们在宿舍中更加愉快地生活。

（二）建设有文化特色的标志性建筑

所有者名的旅游城市都有风格独特的旅游景点与标志性建筑物，这样的景点往往让人终生难忘，当谈及某个建筑物时，便会不自觉地想起某个地点甚至是某个城市。此类建筑或者有传奇的故事，或者有悠久的历史，或者有独特的设计风格，再或者有显著的文化特点。大学生完善人格、学习知识、提高自身综合素质等过程都是在校园中进行的，学校的精神面貌会长久地存留在学生的记忆中。因此高校建筑设计的风格要独树一帜且富有文化内涵，要充分体现传统文化、人文精神与现代科学的精髓，彰显高校的办学宗旨与办学传统以及物质环境建设的审美水准。如果建筑物具备独特的设计风格和内涵，那么，就能潜移默化地对学生起到积极影响，并将学生创造力与灵感激发出来，学生可能受到建筑物或设计上某一句话的激励，从而对其形成高尚的品格起到关键作用，让学生对高校的归属感油然而生。

（三）加大环境建设的经费和精力投入

第一，要注重校园物质环境的整体规划。高校在建设物质文化环境时，要注意整体协调与合理规划。在整体上实现构成要素的和谐统一，在进行具体布局时，也要注重合理性。只有充分考虑到目前以及长远的需求，才能够达到预期的教学目标。校园里设置的景物、景观彼此之间都要是和谐的，使大学生的审美需要和教育需要都得到满足。要实现物质文化环境中构成要素的整体统一，在进行具体布局与建设之前就必须进行充分的调研，必要的时候可以咨询专业人士的建议。首先，既要使当前需要得到满足，同时要考虑未来的需求问题。在进行场馆建设时，要确保其他的场馆能够达到目前教学的需求。其次，要将学校实际发展速度以及发展阶段的问题纳入考量范围，倘若高校正处在快速发展的阶段，那么，在进行校园建设的时候就需要加快步伐；倘若高校处在稳定或相对缓慢的发展阶段，那么就绝不能盲目地扩大规模。最后，要结合实际的资金供给情况。校园建设要保证在资金充足的情况下或有资金支持时进行。校园物质文化环境的建设需要从整体规划开始，再到合理布局每个区域。

第二，要重点突出校园人文景观建设。人文景观在育人层面起着至关重要的作用，甚至在一些情况下人文景观会发挥出比物质环境更显著的效果，因此，学校需要对人文景观的建设加以重视。在对人文景观进行布置时，需要结合高校的教学特色与历史文化，在符合学校目标的前提下，由本校的师生共同完成。如通过凉亭、假山等景观的建造，校园环境更富有人文气息。学生学习的主要场所，如图书馆、教学楼等，可以借助摆放励志名言、名人字画等形式，对学生进行思想文化方面的教育与宣传。设置人文景观时，既要发挥其育人的作用，也要符合审美的需求。

第三，要强化校园文化环境设施建设。高校在组织校园文化活动时，也要在设施设备上进行支持。因此，高校要投入一定的资金用于设备设施和建筑方面。在修建图书馆、教学楼等功能类建筑时，要通过科学的设计，凸显出学术气息。在修建科技馆、文艺中心及体育馆等用于开展文化活动的场地时，亦是如此。从设备设施、建筑物上也能反映出高校的校园文化，因此，高校应该借助设备设施、文化产品及建筑物等来反映本校的特色文化，如修建风格独特的建筑，或在学校的纪念日设计特别的纪念册、文化衫等。

二、加强精神文化建设，体现立德树人的价值取向

高校校园文化对学生的精神世界与健康成长具有很大的影响作用。强化高校的精神文化建设，要体现立德树人的价值取向，将传统文化作为底蕴，用科学的思想武装大学生的头脑，用使人奋进的学风、校训与校风等激励学生，在建设物质文化的同时，让大学生的精神世界得到丰富，从而推动其全面发展。

（一）坚持马克思主义和新时代中国特色社会主义思想的指导

以马克思主义为指导，用新时代中国特色社会主义的思想对精神文化建设进行统领。马克思主义给我国建设提供了科学的世界观与方法论，使我国经济、社会和思想方化都得到了发展与进步。作为中国特色社会主义文化的组成部分，高校校园文化如果要建设得更好，就要做到以下几点：第一，要始终坚持马克思主义思想的指导地位。将该思想在精神文化建设的过程中进行贯彻，马克思主义的立场观点对学生来说是非常重要的，唯有正确运用科学的方法论、世界观，才能进一步摆正理想信念，形成正确的价值观以及明辨是非的能力。大学生初学马克思主义思想时，可能会觉得其不但较难理解，而且与自己的生活相距甚远。针对这一情况，精神文化建设务必要做到让马克思主义思想大众化，实现其在日常生活中的应用。为了达到这个目标，高校要改变马克思主义思想宣传的途径，选择学生喜爱的形式，如在授课过程中引入趣味性高的人物故事来传授马克思主义思想，也可在课余时间组织以马克思主义思想为主题的辩论赛，逐渐提高学生对马克思主义思想的兴趣以及认知、理解、应用的能力，让学生能够学以致用。如此一来，既能使高校立德树人的目标得以实现，又能推动精神文化建设。第二，新时期的高校文化建设，要让习近平新时代中国特色社会主义思想起到统领全局的作用，因为这一思想对高校精神文化建设有着至关重要的指导意义。高校要将该思想完全渗透到精神文化建设的活动中，如定期组织有关新时代中国特色社会主义思想为的主题班会，全体学生共同参与学习、探讨；或者召开相关的系列主题讲座，将主导工作交给本校的思政课教师，在提高学生积极性、主动性

的同时，帮助大学生树立正确的政治观念，提高各方面素质，拥有更加丰富的内心世界。

（二）培育以传统文化为底蕴的大学精神

作为高校在发展过程中产生的独特精神，大学精神可以将大学的整体风貌展现出来，一个国家的文化自信来源于其自身优秀的传统文化，而提高大学生的文化自信也是高校校园文化建设的主要任务，因此，具有传统文化底蕴的大学精神就成为高校的精神文化建设的重要目标。中华民族的传统文化历史悠久，源远流长，它不但是珍贵的精神财富，而且是中国特色社会主义文化的根本体现，以及高校精神文化建设资源的主要来源。高校借助精神文化建设的活动对大学生展开传统文化教育，借助参观红色旅游景点或让学生观看红色视频等方式，使学生们在实践过程中掌握中国的传统文化、民族精神及悠久历史，提升文化自信与自豪感。中华文化包含了许多优秀的文化作品、名言警句及名人事迹等，高校要将其充分运用于课堂实践活动中，让学生进一步学习文化作品与名人事迹，积极弘扬传统习俗，让学生在精神文化建设活动中加强对传统文化的认知与传统美德的学习，使其思想道德素质得到提升。长此以往，高校会逐步形成具有本校特色并以传统文化为内涵的大学精神。高校在培育大学精神的过程中，要注重培养大学生的民族精神和爱国精神，可通过在红色纪念日或传统节日时组织学生观看红色电影，让学生以英雄人物为榜样，并借助榜样的力量激发其民族自豪感与爱国精神，借助宣讲等形式激起学生的爱国情怀，强化学生的社会责任感与历史使命感，最终形成具有本校的独特气质并以传统文化为底蕴的大学精神。

（三）形成鼓舞人心的校风、学风、校训等

在高校精神文化建设的过程中，如果要达到立德树人的目的，首先就要从校风建设入手，因为它集中体现了高校办学的理念、特色与原则，规范、引导着大学生的行为活动、价值观念。要从两方面强化校风建设，其一，良好的纪律可以保障高校管理工作的有效运行，所以一定要制定严格的校纪校规。它能够随时对学生的行为活动进行规范，帮助其养成良好的道德习惯、品质。其二，要有正确的舆论导向。由于高校的环境具备包容性与开放性，多元化的价值观念、文化会对学生产生影响，以至于可能出现不认可本校校风的情况，因此，校领导、教师要重视这一问题，并对有这种情况的学生进

行正向引导，在正确的舆论导向以及师生的共同努力下形成的良好校风，不但可以提高学生的学习积极性，使其得到全面发展，而且可以推动立德树人这一目标的实现。

其次，学校的教风与学风要起到使人奋进的作用。教风与学风的主体分别是教师、学生。教风的灵魂在于教师在教育教学时所呈现出来的价值观念，它不仅是教风发展方向的直接反映，还是达到立德树人目的的主要手段。要想拥有优良的教风，一方面，要强化师风师德的建设。教师不仅要向学生传授知识，还要为其树立良好的榜样。如果教师在平时与学生沟通和授课时，能够流露出优雅的气质、深厚的道德修养，便可以感染到学生，潜移默化地提升他们的综合素质。在学为人师的同时，进行行为示范；另一方面，教师要将自身的业务水平进行提升，达到与时俱进。对教师来说，学无止境非常重要。中国特色社会主义随着时代的发展，也步入了新的阶段，国家非常关注教育的发展，对教师队伍提出了更高的要求，在培养国家所需人才的同时，要结合时代的要求，将立德树人作为工作的立足点和最终归宿，以文化为抓手，以时代为契机，做好教育事业的排头兵与桥头堡。教师不仅要进行授课，还要将授课的形式进行丰富，强化和学生间的沟通、交流，让学生在课堂中不但可以收获知识与获得发展，而且还能让自身的道德品质得到提升。学风是学生在学习过程中所表现出来的学习方法与态度等。良好的学风对学生有很大的影响，如提升其学习效率，促进其全方位发展，强化学风建设、营造良好的学习氛围需要师生的共同努力。教师要向学生传授经验并进行积极引导，而学生要自己努力学习，同时加强和教师的交流。高校与教师应当对大学生进行正确的引导，可通过组织学习帮扶小组或学习交流群为学生提供进行线上、线下交流学习的机会，大力支持学生去图书馆借阅书籍、读书学习，并对学生的学习时间、借阅量进行积分，奖励信誉度高或积分高的学生等。高校如果能够形成刻苦学习、积极向上的学风，就会对学生的学习态度与品质产生潜移默化的影响，良好的学风可以促使学生变成优秀的社会主义建设者与接班人。

最后，对振奋人心的校歌、校训进行科学提炼。校训可以集中展现一所大学的价值取向、办学理念和治学精神，校训要包含高校的育人理念、历史传统及发展方向，需要高校中的每位学子都熟记于心。每个"校园人"都要时刻铭记自己学校的校训，领会其中的精神与内涵，并以此不断激励自己。

校歌也是如此，一首校歌的曲调、内涵蕴含了一所大学的办学理念、精神风貌以及历史传统。一首脍炙人口的校歌在团结力量与凝聚人心上起着举足轻重的作用，还能够增强学生对母校的归属感与认同感。校训、校歌要发人深省并且易记易背诵，它是学生在学生阶段的专属价值信念，也是学生踏入社会之后应坚守的初衷。优秀的校训与校歌意义深远。

三、加强制度文化建设，引导学生思想和行为

作为其他各方面文化建设的制度保障，高校的制度文化建设同样是对校园中的活动与行为进行约束的准则。高校的制度文化要始终保持与时俱进，不仅要符合当代大学生的特点与需求，还要体现时代与学校的特色，要完善平台建设与相关机制，坚持以人为本的教育理念，营造良好的校园文化制度环境，并在此制度环境中对大学生的观念、行为进行培养。

（一）依法治校与以德治校相结合

将依法治校、以德治校相结合，建设"以人为本，育德为先"的制度文化。高校的制度文化可以借助条例、准则与法规等比较正式的形式来对校园中全体成员的行为活动进行规范，或是通过校风学风及价值观念等非正式的形式，在无形之中约束校园成员的行为，两者之间相辅相成。国家在治理各项事务时，一直秉持以德治国与依法治国相结合的原则，所以，高校在进行管理与制度建设时也要坚持这一原则。一方面，各大高校的校园制度要与相关的法律法规相符，并与之保持一致的标准。例如，《高校学术道德规范》《高等学校教师职业道德规范》《大学生行为准则》等有着一定的权威性的规定，这些规定可以使大学生的合法行为得到保障；另一方面，要对以德治校的原则进行突出，在对学生进行思想政治教育时，要充分利用高校在教学、管理上长时间形成的传统习惯与价值观念等，让学生养成上课自觉交手机，校园里文明排队上车、打水等文明的习惯，这一类非正式的文化氛围对大学生的行为、活动形成了潜移默化的束缚。建设"以人为本，育德为先"的制度，不但能够规范、制约师生的行为，而且能够提高学生在校园文化建设中的参与度与积极性，营造开放、平等、自由、健康、文明的校园制度文化氛围。

（二）完善相关管理机制与平台管理制度

1.要健全相关机制

制度文化建设中的一部分便是促进高校文化、科研、教学、教育等方面的有序进行，随着高校的不断发展与校园文化建设平台的不断创新，高校既要注重对文化建设平台的管理，又要将文化建设的相关机制进行完善。首先，要推动立德树人的理念在校园文化建设中所起的作用，就要建立健全的奖励机制、评价机制、领导机制和保障机制。高校领导层在建立领导机制时，应该高度重视校园文化建设的相关活动，并不断引导和文化建设相关的事业，建立专管机制，对高校的校园文化建设进行统筹规划，让所有相关部门都实现紧密配合与团结协作，为与校园文化建设有关的活动打好基础；设置保障机制。高校需要得到经费与科研的保障，所以，高校设置保障机制，可以为校园文化建设活动的开展提供强有力的政策与制度依据；设置校园文化建设的评价机制，能够对各项文化活动进行后期的总结与评价，可以广泛收集教师和学生对文化活动的意见进行，对各大校园文化开展的负责主体采取绩效评估，提升立德树人工作的实效性；设立奖励机制，奖励并支持那些在校园活动中参与积极性较高的师生。激励教师将自身的研究工作、教学与文化建设相结合，大力支持学生把文化活动和专业知识相融合，在实践的过程中，营造良好的文化氛围，为学校的校园文化建设贡献出自己的一分力量。奖励机制的设立，能在很大程度上提升师生对校园文化建设活动参与的积极性与主动性。

2.健全相关平台的管理制度

高校进行校园文化建设，通常借助网络宣传、社团活动等平台开展，高校要健全相关平台的管理制度，对社团活动的开展进行规范，对大学生的上网行为进行规范，引导网络舆论的导向，监管网络信息的发布，如监管制度、网络平台实名制以及制定社团评定制度等。

（三）改进评价制度

1.改进教学评价制度

教学评价制度问题是高校发展过程中的重大战略性问题，对理论研究与教学活动进行严格评价，是非常有必要的。

第一，使考核评估标准更加严格。考核考评是高校工作进行有效整合的有效措施之一，它对高校工作起着促进作用。高校管理者在社会主义核心价值观的引导之下进行绩效考核，可以让高校教育工作得到更有效的施行。如在共青团干部、思想政治理论教师、学校党政干部、班主任和辅导员等方面，社会主义核心价值观的施行就成为绩效考核的标准。可将社会主义核心价值观融入教职员工的道德评估中，教师的工作任命、教师选拔、评估奖励、人才选拔等都可参考教师的道德表现来决定。设置、施行教师的"一票否决"细则，对那些缺乏师德的教师进行及时劝诫、教育。如果仍不改正，则必须进行严肃认真处理。对出现失德行为或造成严重不良影响的教师，必须依法撤销其教师资格。这样一来，才能让社会主义核心价值观真正涵盖全部领域，并进一步得到有效落实。

第二，强化学术理论教学。从当前的情况来讲，我国对学术理论教学的研究还相对较浅，并未真正实现深刻运用，而在教学评估体系建设的实践过程中，无法让"学术"教学得以运用。要想在根源上解决此问题，就必须明确问题的关键。首先，实践的基础是理论，因此，要特别关注理论的掌握。只有对理论进行深入的探讨与研究，才能够高效地去实践。其次，注重培育人才，包括精专业人才、高素质人才。再次，健全当地的高校政策，对高校评价体系的考量加以深化，借助不断完善高校的管理政策与教学，来为高校的教学质量与教学效果提供保障。

第三，对教学学科定位的鼓励规范制度进行完善。高校制度建设中的重点就是提升教师的学术水准。随着教师行业的持续发展，出现了一些将评职提薪作为教学目标的教师，他们对教学学术研究方面比较懈怠，往往只有在任命工作或进行奖惩时，他们才会在学术研究与实践中投入较多精力，这一点完全不符合教育目标中立德树人的要求。所以地方高校必须在对奖励教学效果和评估教师职称这两方面进行充分考虑，使二者的关系达到平衡，从而提升教师工作的主动性、积极性。发挥激励制度，对教育行为进行合理规范。只有社会主义核心价值观发挥引领作用，对教学教育工作的行为进行规范、约束，教学学术的作用才能在地方高校中得到充分发挥。

2. 改进学生评价制度

高校学生评价制度是高校学生工作中的重要内容。设置完善的学生评价制度，可以更好地反映教育的公平性与公开性。想要加强大学生思想政教育，必须要通过社会主义核心价值观来对高校校园文化进行引导，立足实际情况，坚持将自我教育与教育相结合的原则，切实解决学生在思想上和实际生活中所遇到的问题和困难，对学生评价体系进行计划并实施。引导学生进行主动思考，激发其学习积极性，让学生形成积极的心理与良好的素养，从而距离管理育人、服务育人以及教书育人的目标更近一步。

第一，高校需要让社会主义核心价值观的内涵在大学生的评价体系中得以体现。大学生评价体系所涉及的范围非常广泛，其中包含了大学生的实践能力、专业成绩以及大学生所具备的业务素质、人文素质与身心素质等综合素养上的评价，这也是高校衡量与评判优秀人才的标准。高校是优秀人才学生的重要培育基地，对社会主义核心价值观进行践行、弘扬是对优秀大学生的重要要求，对其在个人层面上的规范由"爱国、敬业、诚信、友善"拓展到"爱社会主义""爱党""团结友爱""爱劳动""爱学习""诚实""尊敬师长""爱人民""孝敬父母"等方面。积极践行社会主义核心价值观，从细微之处抓起，从身边小事做起，让大学生充分认知到社会主义核心价值观对我国社会发展的指导作用。

第二，高校应当建立健全大学生评价体系中的诚信评价体系的评价方法。诚信是学生日常评估中的一个非常重要的构成部分，会记录并保留在学生的个人档案之中，成为学校对学生进行评价的依据之一。产生失信行为的学生，不可以参加学校的评优推荐以及各种奖励的评选的，失信行为如旷课、考试作弊，以及恶意拖欠学费等。要将评估工作和失信行为相结合的思想融入学校宣传教育的各个环节，借助征文比赛、新闻播报、宣传报告、演讲比赛、主题班会等方式，号召大学生追求荣誉与诚信。积极创造诚实守信的校园文化环境，并通过该环境的构建引发全体学生的重视，让学生意识到失信的危害，从而增强学生自身的诚信意识。

（四）创新管理育人制度

1.发挥党组织作用，创办有主题意义的集体活动

高校发展需要充分利用学院党组织的组织结构，提升组织力，发挥党组织作用，举办有主题意义的集体活动，将社会主义核心价值观融入主题活动中，充分发挥党组织在培育大学生方面的领导作用。让校园文化和主题活动相结合，积极发挥党组织在其中的引领作用。这同样属于高校人才培养大局观的具体表现。如，借助学校党组织将班级组织、学生社团开展的"学术论坛""党建活动""校园一角""班组建设"等活动结合起来，增强师生间的互动，帮助大学生树立坚定的理想信念。对社会主义核心价值观进行实践，使大学生的自身要求得到提升，是建设和谐校园的要求和基础。

2. 发挥校园社团作用，利用丰富的社团活动对大学生进行社会主义核心价值观的教育

社团活动具备许多特点，如创新性、丰富性、灵活性与独立性，这也是社团活动比其他活动更易于被学生接受的原因。要把社会主义的核心价值观融入社团的活动之中，就要进行积极向上的文化活动，在对大学生产生潜移默化影响的同时，引领他们走向正确的道路。如，兰州大学社团以弘扬中华民族优秀传统文化为目标，组织了很多文化艺术类的活动，使学生们在活动过程中既了解了优秀经典文化，又提升了自身的品德修养；或是采取请美术学院的学生创办传统书画展的方式，对大学生的道德情操、审美标准进行提升。

3. 发挥后勤体系作用，增强社会主义核心价值观教育

建立高水平高校的前提是要建设与之相匹配的后勤体系，高校要结合自身的实际情况，构置各具特色的后勤社会化的运行、管理模式，严格把控后勤管理并强化后勤服务意识，积极推动科技后勤的实现。加强大学生社团的规范、管理，协助并鼓励学生们组织社团活动，重视对大学生学生公寓、生活社区等场所的思想政治教育工作。宿舍是大学生学习生活的主要场所，因此，在学生公寓的配套设施上进行持续调整和完善，让学生宿舍向人性化发展，给生活在宿舍的学生们提供了更便捷的服务。如通过意见箱、网络邮箱及热线服务等形式，及时地帮助大学生处理问题。要想让后勤体系建设的作用得以发挥，必须要通过校园文化活动，为社会主义核心价值观的实践打牢基础。如此一来，便能让高校思想政治教育的有效性得到提升。通过实际行动去践行社会主义核心价值观，让学生在高校养成健康、积极的生活方式。

四、丰富行为文化建设，凸显实践育人的创新精神

在高校校园文化建设中，全体学生皆为重要的参与者，其进行的活动、

传播的思想都在校园文化建设的范围内。要加强行为文化建设，就要体现出实践育人。实践育人的方式包含了课堂教学与课外实践活动，高校要从课堂这一主渠道出发，进行不断创新，并组织丰富的社会实践活动与文化活动，以此来调动学生参与的积极性与主动性。在进行行为文化建设时，要将立德树人这个根本任务落到实处，提升学生的综合素质，促进其全面发展。

（一）创新利用课堂教学的主渠道

社团活动、课堂教学等实践活动在校园行为文化的建设中是以载体的形式存在的，它们对校园行为文化建设非常重要。课堂作为大学生完善人格与汲取知识的主要途径，也是师生间进行交流、沟通的主要途径。一方面，教师在课堂的教学中不仅要向学生教授专业课的知识内容，还要在有限的课堂时间内，对学生进行思想政治教育。对刚走进大学的学生来说，由于习惯了中学的保姆式教育，所以对教师还保留着一定程度上的依赖性，而大学阶段的学生在品格上极具可塑性，对此，教师要引导、帮助其树立正确的三观，要在课堂中对学生实施引导式教育，简化教学内容，使学生在理解专业知识的同时，明白人生的哲理。另一方面，新时代的大学生，人格独立且个性鲜明，具有的极端性与叛逆性，这就导致部分自我思想太强、盲目自大、个性偏激的学生，可能会对国家、社会或学校产生不满的情绪，这也为教师的德育工作增加了难度。所以，高校要注重学生的成长，而高校的教师要在课堂这一主渠道上不断创新，采取更受学生欢迎的方式进行教学，对学生进行潜移默化的影响，如借助线上线下的双向互动、网络课堂以及翻转课堂等途径。这样，既可以拓展学生认知校园文化的途径，增加其知识积累，又可以使学生的学习积极性得到充分调动。

（二）积极开展格调高雅的实践活动

具备重要育人育德功能的社会实践活动与校园文化活动，也是将高校的立德树人工作落到实处的有效途径。所以，高校要遵循习近平新时代中国特色社会主义思想的方向，加强培育学生的学习技能、学习理论，充分发挥实践、文化在育德育人方面的作用，并体现在社会实践活动与校园文化活动之中，促成学生们在课堂内外学习、实践的有效联结。校园文化活动与实践活动如果要在真正意义上得到大部分学生的关注，就必须通过学生喜欢的方式进行。如，社团组织红色活动，可以采取演讲、宣讲、话剧表演、播放电影等方式，提高了学生的实践精神与参与意识；在课堂之余，召集学生拍摄微电影，可以将学习新思想作为主题，也可以对校园先进人物事迹进行翻拍，最后评选出最佳的作品进行奖励，并将该作品推送到微博主页或学校的微信公众号等平台供学生们观赏。为了激起学生的共鸣，在题材上可以选择学生身边的人物事迹或关注的热点话题，这样更能够感染学生；组织课后社会实践活动，可借助教师的领导，加入基层农村的扶贫活动中，为扶贫事业做出贡献，在此过程中感受艰苦奋斗、无私奉献的精神品质；在组织具备高雅格调类型的活动时，可将主题定为传统文化，并围绕这一主题进行校园朗读者、诗词大会等活动。通过这些活动能够让学生的欣赏水平与艺术品位得到提升，激发学生对传统文化的兴趣，在增强其文化自信的同时，还能使中华传统文化在高校校园中得到更好的传承、创新。

（三）增强教师和学生的参与意识

高校校园文化建设属于全校人员一起参与的系统性工作，在大家的努力下打造良好、和谐的文化氛围。要使师生参与意识得到提高，第一，要在思想观念上对其进行引导，让他们意识到每个人对本校的校园文化建设都具有重要的影响。一方面，教师要意识到自己身上的责任，即在向学生传授知识的同时，进行思想品德与行为规范方面的引导，将学校的校风、教风通过自身的言行举止体现出来，不仅做校园文化的缔造者，还要做文化的传播者。教师通常认为校园文化建设活动，应该由学生自发组织这种观点是非常片面的。在课堂上，教师所传授的知识以及自身的行为都会对学生的品德素质产生影响。教师要转变上完课就完成了任务的观念，利用课余时间积极参加学校举办的活动与学生组织的文化活动，高校可以组织师生体育竞赛与师生知识比赛，通过教师与学生合作参加比赛的方式，让教师在活动中对学生进行正面引导并为其树立良好的榜样，使师生感情得到增进。另一方面，要让激发学生兴趣，让其参与意识和积极性得到提升，改变以往"埋头死读书，不闻窗外事"的情况，使学生通过积极参与校园实践活动，不断开阔视野。第二，为了师生能够更好地参与活动，高校要为其提供条件，多组织形式丰富且受学生欢迎的实践、文化活动，活动的范围中不但要涵盖严谨的学术内容，而且要有氛围轻松的文娱内容，使全体师生的学习、工作压力通过活动得到缓解，还可通过师生趣味运动会、师生创新创业大赛、传统知识与新精神新思想学习大赛等活动，来打造良好、积极的校园文化。

五、强化网络文化建设，发挥网络育人的德育功能

在互联网蓬勃发展的基础上，网络也成了学生的校园生活和学习中不可或缺的部分。新型校园文化指的是高校的所有师生借助网络完成信息浏览、上传、交流等形式所体现出来的文化总和，在打造清朗网络环境的要求下，校园的文化建设真正将网络育人的积极影响体现出来。

（一）发挥网络文化的德育作用

新时代是网络技术高速发展的时代，网络世界具备包罗万象、丰富多彩的特点。网络是一把双刃剑，在给大家带来方便的同时它也产生了诸多的弊端，网络意识形态斗争在开放的网络环境中变得更加错综复杂，大学生的意识形态也受到了许多错误思想的冲击。如果要使网络德育建设占领网络的高地，一方面要让马克思主义思想指导意识形态领域，用正确的舆论导向与科学的思想对大学生进行引导。此外，高校可以在线下借助召开网络文化知识讲座或设立网络道德教育课程的形式引导学生。教师在和学生进行交往与日常的教学过程中，要让学生具备对网上错误思想的辨别力并对其上网行为进行规范，学会正确运用网络。另一方面，与时俱进是对高校的网络文化建设的要求，要把虚拟网络和现实教育教学结合起来，使网络文化平台的建设不断健全，如研发与校园文化有关的 APP 客户端，在该软件中可包含校园榜样事迹、时政新闻及校园文化历史等，也可以将其作为校园社团组织活动的线上平台，学生可以结合校园文化活动在平台上发表意见、评价等。充分利用微信公众号，在对其内容进行丰富的同时，发布与校园文化有关的信息，每日发布励志短文章，组织校园文化活动等。通过形式多样、生动活泼的图片、文章及视频进行文化信息传递，在理论与精神上，对学生进行潜移默化的培养，达成网络文化活动和立德树人工作之间的良性互动。①

（二）开展丰富的网络文化活动

大学生在学习与娱乐中使用网络的频率很高，因此，高校要更加注重网络文化活动对提升大学生内涵修养、道德品质方面的影响，掌握大学校园文

---

① 尹淑秀 . 新时代高校立德树人思想探究 [J]. 黑河学刊，2019(5): 129–130.

化建设的主动权，积极展开丰富多彩、健康向上且具备德育作用的网络活动。在信息繁杂的网络世界中，提高学生参与的主动性、积极性，对线上、线下活动的有机结合进行充分把握。在线下，高校要对课堂、讲座的形式加以利用，做好及时、正确的引导，让学生能够正确运用网络，如搜集趣事、新闻及热点问题等，并在线下和教师、同学结合网上的热点问题进行讨论，在微博平台上开展"学习新思想"的活动，并积极发布自己的观点与学习成果。为了进一步提升学生的参与度，高校可以采取择优表彰的方式，或者组织与之相关的系列演讲活动。此外，能够在虚拟世界中敞开心扉也是网络受学生们欢迎的原因之一。高校的管理者和教师要尊重青年学生的天性，考虑其身上所具备的特点，加强和他们之间的线上、线下的沟通与交流，及时掌握他们的价值取向、行为方式、生活方式、思想动态等，可以采取在公众号中开设私密聊天室，在校园网站中设立交流平台，或是在高校文化交流软件中开设私密聊天窗口等多种方式来实现这一目标，鼓励师生共同参与。学生可以随时向教师请教任何有关学习、心理、生活的问题，教师在深入了解这些问题后，给学生提供相应的解决方法或意见。此外，对于学生的个别问题，教师也可选择线下见面的形式来与之进行沟通。如此一来，不但可以让学生的困扰得以解决，还可以让师生间的关系变得更加密切，推动和谐网络文化环境的形成，让学生在贴合学生生活、丰富多彩的网络活动中，收获快乐，收获成长，进一步发挥校园网络文化的立德树人作用。

（三）营造清朗的网络文化空间

加强网络文化专业队伍建设与加大监管力度是高校营造清朗的网络文化环境的前提条件。与现实的世界一样，网络世界也需要具备一定的规范。网络环境具备开放、自由的特点，这使得网络行为与信息出现鱼龙混杂的情况，所以一定要对网络文化环境进行严格监督。完善网络舆情监督机制，一方面，为了使网络环境得到净化，需要严格把控并过滤网络中的一些不良的信息，进一步营造绿色、健康的网络文化环境；另一方面，借助网络后台对学生在各类信息上的浏览量进行统计，时刻关注学生们思想上的动态、诉求。与此同时，对那些不良的网络行为时，要进行严肃批评，让学生在具备优秀道德素质的同时，可以自觉抵制不良信息。建设清朗的网络文化环境需要更高水平的专业队伍。高等院校建设为线上活动和信息发布提供平台，离不开后期的开发与维护，所以高校要具备业务能力强且具备一定思想道德水平的网络工作团队，在解决网络技术问题的同时，对其环境进行管控。因此，要强化网络建设团队的工作，并对其进行定期培训。通过将高校的正确引导与专业网络队伍的管理相结合的方式，营造出风清气正、健康向上的网络文化环境。

第五章　美育与高校美育概述

第一节　美育概述

一、美育的内涵与特点

（一）美育的内涵

美育在理论上包括教育学和美学等学科，但是它又在实践中与心理学、社会学、伦理学紧密相关。

对于美育的内涵，不同的人有不同的见解。有的人认为美育是将美学知识以艺术教育的形式进行普遍传播。例如，在古希腊时期，在弦琴学校里雅典儿童接受的美育教育是通过背诵荷马史诗、学习音乐和歌唱等实现的。胡经之曾经提出设立文艺美学学科，他认为美育是将美学的基本理论转化为美化外在世界与自身的一种积极实践。[①] 亚里士多德发展并继承了柏拉图的美育思想，认为美育可以陶冶情操。比如，悲剧就是"借引起怜悯与恐惧来使这种情感得到陶冶"[②]。蔡元培曾对美育进行定义，他认为"美育者，应用美学之理论于教育，以陶养感情为目的者也"[③]。随着社会的持续发展，美育的

---

① 胡经之. 文艺美学 [M]. 北京：北京大学出版社，1989：380.

② （古希腊）亚里士多德. 诗学 [M]. 北京：商务印书馆，2017：16.

③ 蔡元培. 蔡元培美学文选 [M]. 北京：北京大学出版社，1983：174.

内容得以充实，不再局限于以上内容。

首先，美育不仅仅是艺术教育。艺术教育是审美教育的重要组成部分，只有有了艺术技巧与审美知识，才能有一双"发现美的眼睛"。而美育不仅包含对自然美、行为美等各种美的鉴别，还包含对艺术美的鉴赏。此外，美育不仅重视感官体验，更重视人格的完善。这是艺术教育无法取代的。因此，美育并不等于艺术教育。

其次，美育不只是情感教育。朱光潜认为美育是一种情感教育，其目的是改善情感，培养内在和谐。美育的目的之一是熏陶情感，不过培养人的完善人格才是美育的终极目标。审美教育要将感性与理性结合起来，使人们在一定的约束条件下，顺从自己的内心。

最后，我们不应该再称美育是辅助教育。美育在我国现代教育的历史上的地位是起伏不定的，美育虽然体育、智育和德育密切相关，但是它一直处于附属地位。美育唯有成为一门单独的学科，并建设完善的学科体系，才能更好地发挥功效。美育不仅要关注艺术领域，还要促进体育、智育、德育的发展。例如，美育的有效实施，不仅可以帮助人们提升智力，还可以使枯燥乏味的道德说教变得生动有趣，甚至对人们的心理健康产生良好影响等。

（二）美育的特点

1.情感性

在心理学中，情感指的是与人的社会性相联系的主观体验。比如，人们观赏美好事物时的喜悦、看到不道德事件时的愤怒、面临危险时的恐惧、丢失心爱物品时的悲伤，这都是情感经历。而对于美育和情感的关系，我们可以不从理智上接受美，但它会直接在情感上影响人。在审美体验中，美能引起学生的情感共鸣，从而在审美活动中促进他们有更准确的判断力，最后达到更高的审美境界。所以说，"寓理于情""以情动人"是美育的突出特征。

2.形象性

黑格尔曾经提出"美只能在形象中见出"[①]。也就是说，美只有在具体的、可触摸的形象中才可以被人感受到，否则它只是一个抽象的概念，这个概念只能有对与错、真与假之分，而没有美与丑的差别。舞蹈、戏剧、音乐等这

---

① 黑格尔.美学：第1卷[M].朱光潜，译.北京：商务印书馆，2017：142.

些表演艺术所塑造的角色也是生动形象的，即使是文学这样的语言艺术，也要利用生动的描述把读者带入相应的场景中，从而打动和感染读者。

3.渗透性

美育是一种陶冶的教育，人们在美的氛围中潜移默化地接受美的陶冶，从而提高审美能力。看到气势磅礴的大海，人就会变得豁达开朗；生活在一个和谐的群体中，一个孤独的人就会变得团结和善良。美育给人带来的影响虽不是立竿见影的，但是持久的。与普通的思想道德理论知识的灌输不同，它是让学生主动接受美的灌溉，并渗透到生活的方方面面。

二、美育在中国的发展历程

（一）中国古代美育的发展

美育在我国的历史上已有很深的历史背景。早在西周时期，我国著名的教育家、思想家孔子就围绕审美教育展开了系统的研究与教育实践。孔子教导他的学生学习六艺（礼、乐、射、御、书、数），认为要通过礼乐来培养人，并曾在"兴于诗，立于礼，成于乐"[①]中表达过这个意思。与此同时，他对诗歌的美育功能还十分重视，他觉得诗歌不但能够表达志向，更重要的是诗歌还可以表达情感，所以他提出了诗可以激发情志、可以观察社会、可以交往朋友、可以怨刺不平[②]的观点，由此可见，诗可以提高人的人格修养。

孔子还注重艺术教育的功效，认为艺术活动不只是政治服务，也是个人道德教育的重要方式。因此，他提出了立志要高远，要以自己希望达到的境界来确立自己的志向；言行举止要以良好的道德规范来约束自己；要保持内心的善良与仁爱，行事宽容有爱心；要对六艺游刃有余、熟稔于心[③]的观点。同时，他着重提出艺术教育对人的感化作用，认为艺术教育可以让人身心愉悦。这些都体现了孔子对"诗""艺""乐"作为完善人格、陶冶情操的审美手段的认同。孔子的美育思想为我国古代儒家美育奠定了基础。

此后，荀子、孟子两人又从不同方面继承了孔子的相关思想。孟子提出，

---

① 孔子.论语[M].长沙：岳麓书社，2018：102.

② 孔子.论语[M].长沙：岳麓书社，2018：217.

③ 孔子.论语[M].长沙：岳麓书社，2018：86.

一个人的修养总是充满了情感，一个人的修养越高，他的快乐感就越深。荀子则以"性恶论"理论为基础，提出了"化性起伪"的美育思想的实现途径。他着重提出了礼乐对人性情的外在塑造和规范作用，他还强调社会礼乐教育、诗歌教育、音乐教育和个人人格培养。他在《乐论》中用生动形象的语言叙述了音乐教育具备敦厚人伦、纯美人文教化、改变旧的风俗习惯的社会功能。在某种程度上，它把先秦儒家礼乐教育的美育学说进行了系统化、理论化。荀子、孔子等儒家美育思想以"乐教""诗教"为核心，对此后两千年的中国教育产生了巨大影响，成为中国美育理论的主流与传统。

虽然墨家和道家批判儒家的礼乐教育思想，但也不是全面否认了美育的作用，在他们的思想中其实也包含着美育的一些思想。老子是道家学派的创始人，他所追求的是一种最大的乐声反而听起来无声响，最大的形象反而看不见行迹的审美境界。他着重提出"道法自然"，提倡默教，让人在发展中完全自主。庄子将道家的理想人格提升到"天人合一"的高度。这种追求自由的理想人格是一种审美人格，是真、善、美的统一。墨子觉得"为乐非也"，对儒家所倡导的礼乐形式持反对态度。尽管墨子对美学的认识太过片面，但他犀利地指出了美与功利的关系，这是对社会审美功能的考察。

在此后的中国古代史上，还有很多学者都提出了自己对于美育的想法。例如，明朝王阳明强调个人生命的重要性，主张通过良知体验来到达"中和而不知故"的审美境界。汉朝董仲舒不仅肯定了礼乐教化的政治意义，而且还认识到礼乐教化可以形成稳定的心理结构，它的文化意义很特殊。朱熹是宋朝的理学家，他觉得艺术应该服务于道德，并将审美教育纳入道德教育之中。

（二）中国近现代美育的发展

近代以来，在西方哲学的影响下，王国维首先提出用审美教育来改造民族精神。他觉得让人成为"完全的人物"是教育的日的，即让人的能力和谐发展。王国维利用审美教育的概念，着重指出了艺术与审美的独立地位，并提倡教育也可分为三部分：意志（德育）、智育和情感教育（美育）。他认为，美育、体育、智育、德育可以造就具备真、善、美三德的"完全之人"[1]。

蔡元培在民国刚开始的一段时期，曾经是政府教育总长。他十分倡导美

---

[1] 王国维.论教育之宗旨[J].中华活页文选（教师版），2018（6）：1.

育，发表了《对于教育方针之意见》一文，并提出五育并举（军国民教育、实利主义教育、公民道德教育、世界观教育、美感教育）的教育政策。他觉得美育能够陶冶性情，让人具备良好的感情和高尚的情操。蔡元培不但在教育实践中积极对美育进行实践，还在理论上比较系统地阐述美育。他创建了音乐、艺术等专业的学校，在中小学教育中加入了美育课程，还提出了美化社会环境、家庭、校园等意见。蔡元培把审美教育付诸实践，这对未来的美育事业的发展有很大的影响。

美育思想在蔡元培、王国维等人的带头提倡下，得到了更大范围的流传。朱光潜认为利用美育净化心灵，就可以挽救民族和国家。《子恺漫画集》《西洋美术史》《艺术修养基础》等是丰子恺的作品，这些作品对艺术的入门与普及起到了积极作用。同时，丰子恺还与刘志平等人建立了中华美育协会，出版了《美育》杂志，并组织成立了上海艺术学院。他反复强调，美育是新时代的必由之路。1922年，商务印书馆出版的《教育杂志》就是以倡导美育而闻名，并对美育与德智体的关系进行了建设性的讨论。

在中华人民共和国成立后，美育经历了几十年的沉寂。20世纪80年代以来，美育又重新回到了大家的视线中。1986年，国务院制定的七五计划中提到"各级各类学校都要加强思想政治工作，贯彻德育、智育、体育、美育全面发展的方针，把大学生培养成为有理想、有道德、有文化、有纪律的社会主义建设人才"。随着社会的重视和政府的支持，学校美育的推广和普及也得到了更为广泛的发展。

回顾中国古代和近代的审美教育发展历程，我们可以看到审美教育思想是随着社会的发展而存在的。这就意味着，美育是未来教育中不可忽视的一个方面。

三、美育的任务

塑造与培养人格健全、专业文化知识丰富、理想远大、具有一定艺术素养和审美情趣的现代型人才是美育的任务。美育的具体任务如下。

1. 培养感受美的能力

感受美的能力就是善于在自然、生活、艺术中发现美、享受美的能力。它是积累丰富的内在情感的重要手段。改革开放以来，人们的生活已发生了巨大的变化。繁华的都市，时尚不断变幻着新的花样；美丽的乡村，网络同样发挥着它的便捷。信息多多，机会多多，催人脚步，震人心扉。但是，并非所有人都能在现实中获得时代赋予的活力，并不是全部的人都能体会到生活的美好。这就表明每个人的审美感受能力都是不一样的，有的人审美感受能力强，有的人则弱。奥古斯特·罗丹是一名法国的雕塑家，他之前提到过只要我们的眼睛用心去看，就能发现美无处不在，即我们身边并不缺少美，只是缺少能看到美、发现美的心灵。这种发现能力类似于审美感受能力，需要通过美育来培养。

审美感受能力是一个复杂的心理系统的综合反映。它包括感知、联想和想象、情感和思维等诸多能力。这些能力，在审美感受过程中，既有阶段性，各有各的作用，又互相联系、互相作用，共处一体之中，有机地形成一个人的审美感受能力。充分的感受能力是以深刻的认识为条件的。这样的现象经常出现在我们的审美过程中，即当我们感知到某物的形象时，却没有意识到该物的形象特征的内涵，因此很难唤起我们对美的深刻感受。因此，美育应协助大学生在对具体事物的感知和形象观察的基础上，发展大学生的想象力，让大学生将这一事物与那一事物联系起来进行比较，并通过分析把握审美对象的内涵，在各种审美实践中培养大学生的审美感受能力。

2. 培养鉴赏美的能力

在我们欣赏某一事物时，常常会依据自己对事物产生的审美感受，来对它做出各种评价，那么这时就显示出了大家欣赏美的能力。人们长时间处在社会生活中会自觉或不自觉地接受来自各方面的熏陶和影响，尤其是随着我国经济社会的日益发展，物质水平的不断提高，人们的精神领域不断扩大，这也是对处于现实中每个人的审美鉴赏能力的考验。一个人的素质和多种能力综合体现出他的审美鉴赏能力，它会受审美感受能力的影响和制约，还与艺术修养、审美情趣、审美观点、审美经验等有一定的关系。

审美鉴赏能力在大学生身上，具体体现在两个方面。一方面是在平常生活中辨别事物美和丑的能力。比如，对于环境美化的要求、鉴别欣赏日用品与服装、评价人们的语言行为等。提升这些鉴赏美的能力，有利于引导青少年的审美需求和审美特征，提升与丰富生活质量。另一方面是对艺术美的鉴别与欣赏能力。艺术是人类才能和智慧的杰出表现，是人类求真、求善、求美历程的生动见证。艺术具备一种超越时空的永久魅力。人们在接触艺术作品过程当中形成的一种特别的精神活动就属于艺术美的鉴赏，它是一种积极主动的艺术再创造活动，而不是被动的消极的感知。对艺术鉴赏能力即艺术思维能力的培养，都有赖于观赏优美的艺术作品，以利于人们艺术修养与艺术鉴赏力的提高。

3. 发展表现美、创造美的能力

我国正处于经济稳步发展的新时代，这就要求大学生把自己的审美能力运用到自己的学习、工作和社会生活实践中，使美能够在各个方面得到体现。大学生表现美、创造美主要体现在：爱国美、行为美、语言美、仪表美、劳动创造美等方面。

爱国美是忠于祖国、热爱祖国的美。这是一种长久以来形成的对自己国家的深厚感情。爱国主义不仅是中华民族的一个基本道德规范，也是一项重要的政治原则，不但体现在对民族文化历史和中国江河的热爱上，还体现在崇高的民族自豪感、自尊心、自信心，具有为祖国的统一英勇牺牲的精神和强烈的责任感。我们的祖国在五千年的风风雨雨中，在960万平方千米的土地上，经历了许多沧桑巨变，出现了不计其数的爱国者。他们的事迹将在历史上留下印记，他们的精神将世世代代闪耀。时代赋予当代青年的使命就是发扬先辈的爱国精神，为祖国统一和民族振兴增光添彩。

行为美是人的行为动作的美，是心灵美的外在表现。具体地说，人的行为直接表现着人的社会关系，当这种社会关系代表着社会的进步和历史趋向时，这种行为就是美的行为。人的行为既包括人们的生产劳动，也包括家庭生活、人际交往等平凡的日常活动。在我们看来，见义勇为、助人为乐、发奋学习、举止大方、工作努力等行为都属于美的行为，损人利己、损公肥私、颓废消极、野蛮粗俗、虚情假意等行为都是被人们所不齿的。美的行为是一种楷模，也是一种力量，它会受到人们的尊敬、爱慕和效仿，从而产生积极的影响。如果每个人都有美的行为，那么就会产生一种强大的凝聚力，使社会风气得以根本好转，并且推动社会不断向前发展。

语言美是良好的自我修养的结果。语言美有四个基本要素，即言之有据、言之有礼、言之有物、言之有味。言之有据，就是说话要有根据。"知之为知之，不知为不知"[1]，语言就显得中肯可靠。反之，信口开河，不着边际，妄加臆断，乱下结论，随声附和，人云亦云，都绝非语言美。言之有礼，是中华民族的传统美德。孔子说："质胜文则野，文胜质则史。文质彬彬，然后君子。"[2] 就是说，只有品格质朴而缺乏质朴的品格，就会显得轻浮。这些在今天，也有一定的借鉴意义。语言不仅反映一个人的思想素质、文化修养，也反映一个国家、一个民族的文明程度，因此我们要努力清除那种语言上的污染，用美的语言塑造形象，装点社会。

仪表美主要指着装修饰所表现的美。着装是人们打扮自己的主要手段。墨子说："食必常饱，然后求美；衣必常暖，然后求丽。"[3] 随着社会的进步、科技的发展，服装已不再是以防晒、保暖、护身为主要目的，而是一种文化形式，使人们更注重它的色彩、面料、款式、适体时尚和搭配。追求着装美，需培养鉴赏美的能力，提高自己的文化艺术修养，寻找自己外形的优点和缺点，探索自己的着装个性。修饰也是人们打扮自己的有效手段。随着人们生活水平的提高和职业性质的要求，适当的修饰很有必要。干净、整洁、美观、和谐的修饰可使人容光焕发、心情愉悦，还可以弥补外表的不足。总之，服装修饰体现一个人各方面的修养，要注意与个人的职业、年龄、身份、性别、性格相联系，亮出一个整洁高雅、富有个性的自己，给生活带来无穷的乐趣。

劳动创造美是人类社会产生与发展的根本，没有劳动便没有人类，没有创造便没有进步。生产为主体生产对象，是指劳动能使客观事物的创造符合人根据客观事物的规律和人自身的目的所提出的形式和形象的要求，使之成为美的事物。从原始人为了生存和发展，在劳动中学会制造简单粗糙的劳动工具，到现代人为了高品质高科技的优越生活在劳动中创造网络经济，人类正是在长期的劳动中，在各个领域里逐步认识了客观事物的规律，并和人自身的目的性统一起来才创造了一个又一个的美。生产为对象生产主体，是指劳动能使人具有认识美的能力。人类的历史证明：正是有了劳动，有了劳动中诸如色彩、音响的刺激，人才有了区别于动物的社会化的感觉，才有了能

① 思履. 论语 中庸 大学 [M]. 南昌：江西美术出版社，2018：58.

② 马喜千. 论语微阅读 [M]. 济南：山东人民出版社，2019：74.

③ 张兆端. 知者不惑之管子·墨家·法家·兵家 [M]. 北京：群众出版社，2018：69.

感受音乐的耳朵和感受形式美的眼睛，才形成了人类审美的生理结构和心理结构，并且审美对象的范围从工具扩大到一切劳动产品和其他与劳动创造有关系的事物。

第二节　美育与德育、智育、体育的关系论述

美育和德育、智育虽然有各自独立的目标和特定的内容，有相互不可替代的一面，但又是一个有一定联系的辩证统一的整体。

一、美育与德育

（一）两者的区别

在具体性质上，美育和德育具有不一样的价值标准。德育直接跟道德、政治活动相关，主要根据对是非、善恶的评价来制约、规范人们的个体行为。德育是一种规范性教育，具有一定的强制性，其要求受教育者运用理智与意志的力量来克制个性发展，满足社会生活的需求。美育属于价值事实，充分体现了人的主体性。美不受任何约束，美的生命来自审美客体的特色和审美主体的个性，它给予人的心灵以自由。美育偏重于发展人的个性，使人在精神上进入自由的境界。

在教育功能上，德育的主要目的在于"育德"，重在调整和规范人与人的关系，强调培养人的社会人格，培养人们"遵从""自觉"的行为模式与意识形态，从而建立有序理想的社会关系；"育美"是审美教育的主要目标，它注重寻求精神上的和谐，以促进良好的人际关系，它强调以培养灵敏的感知能力来发展主体人格，助其养成自发性和创造性的思想意识与行为模式。

在教育方法上，德育是说服教育，注重用"概念"说话，崇尚"晓之以理"，是灌输与接受的结合。它作用于人的意识、理智层面，虽然不排除情感教育，但这种情感是饱含强烈道德功利的情感。德育的教育方式带有外在的强加性。美育是情感教育，注重用"形象"来表达，崇尚"动之以情"，是自主与引导的结合。美育作用于人的情感层面，以轻松愉快、潜移默化的方式

进行教育。在美育过程中，受教育的人并不是被动的主体，而是主动接受教育的主体。

（二）两者的联系

德育与美育都是人文教育。它们都是对人美好心灵、精神境界的一种要求，是对人格的完善、高尚精神境界的提高、心灵的熏陶。从这一层面看，美育和德育的起点与落脚点在根本上是一致的。

在教育过程中，德育与美育相互融合、相互渗透。因为"善"和"美"具有统一性，所以德育和美育的过程也具有一定的统一性。在教育内容上，美育涉及的审美对象多可归于德育中广义的"善"的范畴，社会美中特定历史情境中的人的"美"往往洋溢着感人至深的道德精神。在教育心理上，由于人的心理结构是一个整体，人的审美心理和品德心理在主体意识中有时是合二为一的，从而使人们对"美"的事物和"善"的事物的判断具有了相互融合性。因此，德育与美育常常彼此渗透。

在教育成效上，德育与美育相辅相成、彼此促进。德育对美的标准、美育的内容起着导向性作用，保证了美育的正确方向，有助于审美主体建立正确的审美观念和健康的审美情趣。而美育为德育提供有感染力、吸引力的手段。在德育中引入美育生动形象的表达方式和情感体验机制可以克服德育道德说教的刻板与枯燥，提高德育的实效性。美育之所以能为道德理智、意志的发展打下重要的基础，是因为美育可以让受教育者实现心灵的和谐。美育通过培养审美能力发展受教育者的真诚与热情，并克服麻木和冷漠，为培养其良好的道德修养和道德行为扫除了障碍。

总之，德育和美育有着既相互区别、彼此独立，又密不可分、相辅相成的辩证统一的关系。如果把它们比喻成在大海上航行的轮船，那么没有德育的美育就好像丢失了罗盘，而没有美育的德育就好像丢失了风帆。

二、美育与智育

（一）两者的区别

在教育内容上，美育和智育各有其独特的领域。智育主要是使受教育者获得知识、掌握技能，它倾向于将整体分割成各个部分，把对世界的认识切割成物理、化学、生物等学科，每一门学科又分化出若干分支学科。这种分割对于知识的学习和科学研究是必要的，但对于人对客观世界的整体性认识及人自身的全面发展是不利的。美育主要是使受教育者提高审美能力，塑造整体人格。人们所面对的审美对象小到艺术领域中的一首歌、一幅画，大到自然界浩瀚的江海、广袤的星空，无不富有整体性与生命力。审美活动是融合了感性和理性的活动，是个性化的活动，故美育在培养全面发展的富有生气的整体人格方面比智育更具优势。

在教育过程方面，源于"真"与"美"不同的价值属性，智育的过程是知识的传授过程，从根本上讲是由外向内的灌输，大学生接触的是以概念—逻辑为特征的知识体系，故智育与大学生的生命要求、情感需要没有直接联系；美育则是一个培养审美能力，使大学生的个性、情感得到表现和升华的过程，它以受教育者的自发性为基础，大学生接触的主要是以形式—情感为特征的审美对象，故美育与个体的情绪、情感、愿望、需要等生命状态密切相连，能够直接满足个体生命发展的要求。

在思维方式方面，由于"真"与"美"本身就诉诸不同的思维方式，智育较多地运用人的逻辑思维、抽象思维和收敛性思维，强化大学生的理性思考，摒弃情感性与主观性因素的干扰，在使受教育者增进客观性、摆脱主观性的过程中，往往无形中影响了人的情感和想象力；美育则更多的是运用直觉思维、形象思维、发散性思维，运用联想、类比乃至灵感。审美能力的培养虽然需要在学习审美知识的过程中理性思考，对于美的事物的观照也包含对其内容的理解，但对内容的领会是融于对形式的感受之中的。美育凭借的手段最主要的不是对美学知识的学习和艺术技能的训练，而是对美的事物的情感体验。审美是从根本上慢慢具体的感性形象，而不是从具体表现向抽象逻辑的发展。

（二）两者的联系

在教育内容上，美育与智育有着内在的关联。"真"与"美"往往是浑然一体的。美育借助的是事物"美"的形式，智育涉及的是事物"真"的内容；而宇宙间的事物本身就是内容和形式的统一体。因此，人们对自然、社会和人类自身的认识，既有科学认识，又有审美认识，两者的密不可分使美育与智育自然而然地联系在一起。

在思维方式上，美育与智育具有互补性。两者的融合有利于促进人们创造力的提高。人的思维素质完善的重要标志就是逻辑思维（抽象思维）与形象思维齐头并进、协调发展，这样才能形成包括想象力和创造力在内的高智能素质。单纯发展智育，片面注重大学生知识的掌握和逻辑思维水平的提高，往往会忽略形象思维的健全发展，导致大学生形象直觉力、想象力的匮乏。美育刚好在培养人的思维、素质、形象方面具有十分突出的优势。美育与智育携手并进能够有效地帮助大学生提高感知力，丰富其想象力，发展其创造力，培养其高智能素质。

在教育中，美育与智育彼此相辅相成、相互促进。感受、欣赏、鉴别"美"要有一定的知识基础。一个目不识丁的人对"美"的鉴赏能力必定是有限的，而丰富文化知识、提高认识能力，有助于增强人的审美能力。丰富的学识、高度的智慧，对真理的捍卫和探究等既是德育的追求，又是追求内在美的重要内涵之一。反之，美育能够开阔大学生的视野、扩大大学生的知识面，是帮助大学生获得自然科学和社会科学知识的一条有效途径。此外，美育的育人方式强调形象性和感染性，在智育课堂中积极引入美育，能够使大学生从被动、枯燥的灌输中解放出来，寓教于乐，激发大学生的学习兴趣，增强学习的主动性，从而增强智育的内化作用。

总之，在教育体系中，美育与智育既相互区别、彼此独立，又相互渗透、相辅相成，两者共同致力于创新型人才的培养。

第三节　高校开展美育的重要作用

大学阶段是学生人生中的重要阶段。在这一阶段，各大高校不仅要培育大学生的职业技能，还要教授大学生理论知识，更重要的是使大学生具备完善的人格，这要求各大高校重视美育在教育中不可代替的作用。

一、以美育德塑造健全人格

蔡元培指出，教育是培养人格的一项事业。[1] 人格不但受后天教育因素

---

[1] 郭杨. 民国大先生 大时代的风流，大先生的遗韵 [M]. 北京：中国长安出版社，2016：46.

的影响，还受社会环境因素与生物遗传因素的影响。美育不仅可以促进大学生崇高情操的发展，还可以使他们的人格更加健全。

（一）提高大学生的道德修养

人到底是为了自己而活，还是为了别人或者社会而活？对于每一个大学生来说，这都是其必须面对和回答的问题。构成社会道德规范的关键就是当人们生活在一个群体中时，能将群体和个人间的关系协调好。大学生要想具备崇高的道德情操，就要在生活中正确处理好利己主义与利他主义的关系。

美育能够提高大学生的道德修养。爱因斯坦曾说："一个人的价值，不体现在他可以得到什么东西，而体现在他付出了什么。[①]"判断一个人的道德标准不仅看他的日常行为，也看他是否有能力实现良好的自我发展和对社会的贡献。假如德育可以利用理性教育规范大家的日常行为，那美育就可以提高大家的审美境界，使之建立高尚的人生理想，并处理好利他和利己的关系。与此同时，假如德育是通过理性教育向大学生灌输道德观念，那审美教育就是用形象去感染大学生。美是人类一生下来就向往的事情，大学生只有对美有了深切感受，才会有道德行为。席勒就曾提到："从感觉的受动状态到思维和意志的能动状态的转变，只有通过审美自由的中间状态才能完成。[②]"

（二）塑造大学生的健全人格

在心理学中，人格是指"个性"大学生要想健全人格，就需要其各方面的人格能协调发展，具体表现在能够客观和正确地了解他人、社会、自我，有积极的生活目标、创造力、责任感等方面。

美育是大学生人格完善的必要手段，它具有独特的教育特色。大学生健全人格的追求目标是真、善、美。美可以导向真理：人们在美的创造过程里，一直和真理接触，最后将真理内化为人格。美可以储善。美育使大学生以积极的心态面对世界，实现人生价值；还能够使大学生在美的感受里，展现人格的"美"。与此同时，美育用默默奉献的形式，使人的教育在不知不觉中受到影响。美可以把大学生带进超功利的审美境界。在这种状态下，大学生的

① 黄兆旦，德罗尔．养育下一代创新者 犹太教育对中国的启示 [M]．上海：复旦大学出版社，2019：161．

② 王育霖，唐婷．审美教育视阈下健康人格建构的逻辑、机理与路径 [J]．高教探索，2017(1)：116-120，124．

身体和心灵都可以得到和谐发展，有利于健全人格的形成。

二、以美启智提高创新能力

在信息全球化、经济一体化的今天，创新是人类社会发展的源源不断的动力，是人才培养与国家发展的紧迫任务和必然要求。因此，中国各大高校的一项重要目标就是培育创新型人才。美育，可以启发大学生的智慧，促进大学生去追求真理，因此美育是培育大学生创新思维和创新能力的最佳教育方法。

（一）开发大学生智力水平

在一定程度上，美育可以开发大学生的右脑，促进大脑平衡发展，提高大学生智力水平。著名的心理生物学家罗杰·斯佩里博士利用裂脑实验，验证了人的左半脑和右半脑的思维方式完全不同，即右脑是形象思维，而左脑是抽象思维，人的左右脑紧密合作，一起完成繁杂的创造性活动。但是，长时间以来，因为人们过于注重左脑的作用，所以左脑和右脑没有得到平衡的发展。学校教育以学习为中心，左脑被开发，而右脑被忽视，导致创造力得不到发展。许多受到高等教育的人，他们通常会用左脑完成应由右脑做的工作，长此以往，右脑无法得到训练。他们不但在理性思维中没有丝毫创造力，在形象思维活动中也毫无优势可言。[①]

美育可以为大学生带来多样化的形象信息，提供多种感官渠道。这很好地提升了大学生对事物的敏感性和感知性。例如，长期接触音乐可以调动大脑的不同区域进行协作处理，从而增强左右脑之间的合作，提升智力。

（二）提高大学生创新能力

美育通过启发大学生直觉灵感和增加其知识储备，来达到提升大学生创新能力的目的。蔡元培曾经提到，他经常可以看到专注于科学然后接触美术的人，而专注于科学的人则过于偏向分析、概念与机械的作用。后者不仅对科学没有创造精神，就连自己都没有丝毫兴趣。[②]爱因斯坦也认为其在科学上获得的成就，有许多是受到了音乐的启发，即认为自己在物理学领域获得

① 布莱克斯利．右脑与创造 [M]．傅世侠，夏佩玉，译．北京：北京大学出版社，1992：54．

② 蔡元培．通论：美术与科学的关系 [J]．绘学杂志，1921(3)：16-18．

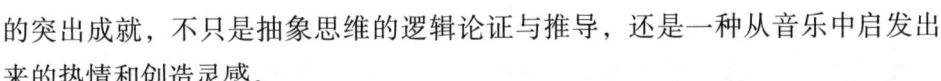

的突出成就，不只是抽象思维的逻辑论证与推导，还是一种从音乐中启发出来的热情和创造灵感。

美育在培养大学生丰富的想象力、精妙的灵感、敏锐的直觉方面发挥着特殊作用。创新的关键是直觉、灵感、想象力等非理性因素。在审美活动中，大学生通过想象才可以深切地欣赏事物所蕴含的美。想象力的运用能更好地帮助大学生拓展思维，提升他们的创新能力。大学生的审美修养越高，对于美的灵感与直觉就越敏锐，也就更容易产生新的理念与想法。除此之外，美育不仅可以使大学生的见识增加，还可以使大学生的眼界更宽广。例如，《红楼梦》是中国四大古典小说之一，它将清代封建社会的生活场景生动形象地描绘了出来。阅读《红楼梦》，可以让人们对中国古代封建的社会道德观念、思想、社会的制度有一个系统的理解，这比阅读一般的历史教科书获得的知识要多得多。对于巴尔扎克的《人间喜剧》这本小说，恩格斯曾经给出过很高的评价，他认为经过阅读这本小说中的详细描写，其可以了解到1816—1848年法国的真实社会情况，这比从各个国家了解到的情况都要多。

因此，大学生的非理性思维能力因为美育能得到充分锻炼。在美育的教学中，教师要给予大学生发展想象力的空间，指导大学生理解和洞察美的规律，从而促进大学生创新能力的发展。

三、以美健体实现美好人生

美育对大学生的身心健康有促进作用。当遇到困难时，在美育的影响下，他们可以用乐观积极的态度去面对，进而树立人生的崇高理想，实现美好的人生。

（一）促进大学生身心健康

英国著名的哲学家约翰·洛克曾提出，健全的精神要建立在健康身体的基础上，只有这样才可以有完美的人生。有一部分大学生长时间熬夜、早睡晚起，作息时间没有规律，导致身体机能变得越来越差；还有的大学生出现了学习自主性差、人际关系敏感、无法适应学校集体生活等问题。这些问题都影响着高校大学生的身心健康。美育可以有效促进大学生的身心健康。1977年，美国的恩格尔教授提出了生物—心理—社会医学模式，即疾病的变化与发生已经从生物层次渐渐深入到了社会和心理层次。人们逐渐认识到，人的心理方面是影响健康或造成疾病的重要因素。例如，人们心理情绪上的烦恼、忧郁、急躁、紧张等都会导致人的疾病，尤其是在激怒、高度紧张等情况下，可能会使肌体失调，从而导致临床休克或死亡。有一部分医学研究显示，快乐的心情能够强化人体免疫力，保持身体的健康。美育可以让人们情感上产生共鸣，能够对人们进行情感的疏导，让人们的情感获得释放。随着人们情感的释放，人体将分泌一部分对健康有好处的酶、乙酰胆喊等激素物质。这些物质有促进人体血液循环、调节体温与血流量、增强胃肠蠕动、强化新陈代谢等作用，从而达到身体健康的目的。

除此之外，人们愈来愈重视艺术疗法这种很有用的辅助治疗手段。例如，舞蹈疗法可以有效减轻一般身体的痛楚。因为舞蹈会促进人体分泌内啡肽，而这种内啡肽是镇痛药里的重要成分。再如，音乐治疗能够提高偏瘫病人恢复健康的训练速度。治疗师凭借控制音乐节奏，来调节训练患者走路时的步子与节奏，长此以往，控制偏瘫部分的肌肉能力就可以迅速恢复。另外，戏剧表演可以调整心理。心理剧属于心理治疗方式，一些患者通过上台饰演一些角色，并利用一些心理冲突下的自主性表演，把情绪问题裸露在舞台上，展现给医生。患者不仅可以发泄情绪、消除内心自卑感、压力，还可以加强他们面对环境与危机的心理调节能力与适应能力。

（二）培养大学生积极态度

美育有利于大学生审视自己、正确认识自己，从而培养大学生积极的生活态度。

美育可以让大学生树立健康的人生态度。假如大学生可以长时间在美的环境中受到陶冶，能够把他们对琐碎生活的注意力进行转移，就能在很大程度上提升他们的心理调适能力，进而树立健康的人生态度。美育能够培养大学生的健康的审美态度，使他们勇敢地面对困难，不断把美的反面转变成美，进而更有毅力、耐心和坚强的意志。美育有利于大学生以积极的心灵面对感性的世界，以美的技法应对生活，从而维持年轻的精神与健康的体魄，用乐观向上的态度面对生活。

四、以美辅劳提升职业技能

此外，美育不仅能够培养大学生在工作方面创造美的能力，还能够培养大学生欣赏美的能力。在生产和劳动的过程里，大学生能够有自己的理解和审美认知，并且把这个理解和认知转变成具体的具备高度审美价值的物质形态（如劳动产品）。

（一）激发大学生工作热情

美育可以激发大学生的工作热情。马斯洛曾经指出，评判一个职业是不是有价值，就不能去看它的工具价值，得去看劳动者能不能因为热爱这个工作，而从工作里获得乐趣。[①] 美育可以把大学生变得更加感性，可以用更好的心态去对待周围的环境。假如对待现实生活，可以将工作变为兴趣，而不是将兴趣变为工作，那对保持大学生在工作上的热情十分有利。如果，大学生不再把劳动单纯地看作谋生的办法，而是把劳动当成在成长历程中完成人生价值的途径和必经阶段，那他们就可以在自己的工作里得到情感方面的满足。这样的满足感与得到劳动成果的愉快相关联，就会更容易让大学生对工作产生热情。

除此之外，美育能促进大学生构建良好的人际关系，提升工作效率，这对提升大学生工作方面的热情很有帮助。梅奥认为，在各个部门中，人们会在不知不觉中构成一个团体，每个人有每个人的责任、日常惯例、习惯，能对生产效率产生影响的除了工资，还有工作里的人际关系。在友好团结的工作氛围里，同事之间可以互相帮助、沟通顺畅，工作效率与工作积极性都可以大幅度提升。

（二）提高大学生工作技能

美育可以提升劳动者的审美素质，在生产劳动过程里起到积极作用。例如，人们设计的产品要具备完整、优美、和谐的形式与结构，还要与产品的功能和内容互相协调、统一，让人们在使用、接触、观赏它的时候，有愉快舒畅的审美体验。图形间为何要有间隙？间隙多大是适合的？何时用间色？何时用分裂补色？何时用互补色？这些问题就要求设计师对美的把握要精准，专业技能要达到很熟练的状态。中国的产品由"中国制造"走向了"中国设计"。从前设计师大多数时间是在做美工，现在需要设计师具备高标准的审美。美育可以提升大学生的工作技能，使之具备一定的展现美和创造美的能

---

① 马斯洛. 人性能达的境界 [M]. 林方，译. 昆明：云南人民出版社，1987：30.

力，可以把审美文化有机地与现实的经济生活、生产劳动结合到一起，从而提升大学生在实际工作中的审美力、创作力与就业竞争力。

第四节　高校美育的本质特征及具体开展对策

一、高校美育的本质特征

（一）思想育人属性

思想育人是用历经人类社会历史与发展实践检验的正确政治观点、道德规范、思想观念，影响并形成人的价值标准、精神世界、认知体系的过程，是育人最根本、最基础的方法。人们在这个过程中树立的价值取向、存储的知识信息、培养的思维习惯会在不知不觉中让自身做出相对应的行为选择，并且构成强大的思想动力。这样无形的力量不但可以促进个体的积极行动与全面发展，还可以影响、感染周围的群体。

美育来源于对人类生存状态与价值实现的探索，它不但可以促进大学生体味、赏析、了解美，还可以培养大学生反思美、创造美的动力和精神。在生活里找到美，在学习里挖掘美，在工作中使用美，作为一种正确朴素的思想感情，美贯穿了人们的生活。唯有强大的思想力量，才可以养成高尚纯洁的心灵，构建充满温情、美美与共的精神家园。因此，思想育人是实行美育的重要保障与前提基础。

美育是培养"五育"人才的目标之一。高校开展美育以铸魂育人、立德树人，必须遵循中国特色社会主义新时代的思想，坚持思想政治教育的发展方向与基本规律，提高大学生的审美素质和深刻的文化共识，指导他们始终坚定中国特色社会主义的理想信念。高尚的人生价值追求与有序的思想道德规范是高校美育的灵魂所在，与高校"培养担当民族复兴大任的时代新人"是同向的。因此，高等院校美育的价值内涵是思想育人。

（二）课程育人属性

教学机构依靠课程开展教育教学活动就是在实施课程育人。承托教学、诠释理想、沟通师生、跨越学科，是对课程育人内涵最完美的解释。课程育人作为最基本的人才培养方案，需要学校根据指定的教育目标设计教学计划，设置合理的课程，编辑出版专业的学科教材，组织科学的教学设计，展开周密的教学管理，并使其能得以提高。

美育工作的主要途径就是美育课程教学，它不但能组织大学生系统地学习美育及与美育有关的理论知识，并使之掌握与人文艺术、审美有关的活动技能，还可以用独特的方法来培养学生的良好气质、趣味、性情，提高其精神境界与人生品位。同时，随着"课程思政""学科德育"观点的提出，有关专业课程里所包含的育人资源，也可以给立德树人带来重要支撑。这部分课程里展现的美育元素，搭载着重大思想和政治教育功能，将思想政治教育和美育专业知识体系教育有机地结合起来，从而完成协同育人的目标。

高等院校的美育课程以艺术教育课程为主要课程，综合专业能力素质要求与各个专业人才培养的特点制订课程计划，实行各具特色的考核方式和教学方法，以提高大学生的艺术实践能力与人文素养。培养人文素养和审美是高校美育课程的核心，培养创新能力是重点，把优秀的中华传统文化艺术经典教育与传承发展作为主要内容，研究并建设智能化、数字化、线上线下相结合、网络化的课程教学模式，与有关专业课程相结合，深入启发大学生的成才抱负、创新意识、道德理想，促进了"新医科""新工科""新理科""新文科"等人才培养的改革。因此，高等院校美育的基本方法是课程育人。

（三）实践育人属性

实践育人是在巩固理论基础的前提下，通过培养动手能力和展开实践，来加速大学生对书本里知识的内部转化和形象化记忆。实践育人在很大程度上提高了教师教学与学生学习的成效，特别是帮大学生提高了应对实际问题的能力，让他们可以获得全面、自由的发展。实践在很大程度上解决思维方式与知识内容间的转化关系，最终完成认知在形式、内容上的统一，进而有力解决行为内化和个体理论辨识之间的关系，保证个体在知行合一的过程中慢慢进入人生成长的新境界。

美育指导大学生参加社会实践，丰富其创新思维，培养其高尚情操。这种教育符合生活现实，贴合个体发展的需要，能够激发大学生自主选择、主动思考的能力。它不但是提升大学生审美素质的重要教学环节，还是实践育人最真实、最生动的实现形式。

高等院校的美育实践应依据本身高度的教育自觉与文化自觉，坚决保持人文情怀与科学素养相融合，努力展开品位高尚的审美艺术类实践活动，培养大学生的时尚感，洗涤大学生心灵，让他们在各个美育活动中真实地感受美与善。同时，大学生组织的各类服务社会与国家的文化宣传与艺术服务实践应和他们自身的发展成长一起前行。他们播种美的种子、传达美的思想、展现美的形态、造就美的梦想，在亲身体验中给时代的发展注入了新的文化内涵，同时也确立了与时代发展相符合的主流价值观。因此，高等院校美育的实现路径是实践育人。

（四）文化育人属性

文化育人就是经过优秀文化的交流、创新、传承，深入改造人们的精神世界。文化育人有利于个体树立符合社会与历史发展潮流的正确人生观、价值观、世界观。文化是一个民族与国家的灵魂，是一种特殊的精神标识，它巨大的精神力量给人们带来了最深沉持久的成长动力。文化育人通过文化自信的增强，激发了文化自强，推进了个体在考虑生命本源与担负文化担当的时代大潮里追求卓越、与时俱进。

美育的内涵具有明显的文化属性，它一直指向人的精神归属，有巨大的吸引力与感召力，具备独特的引导人、教育人的功能。把文化和美育、创新和传承有机地结合在一起，通过提高文化自豪感与认同感来指引大学生自主启发智慧、激发理性思辨、净化心灵、磨炼人格，可以增强思想政治教育的实效性，培育承担重任的时代新人，具有重要的实践价值和时代意义。

高校美育以大学文化的深厚底蕴与人文基因为切入点，在艺术和人文教育里深入贯彻中华优秀革命文化、传统文化、社会主义先进文化教育，使大学生认识中华文化的变迁，接触革命文化的脉络，吸收先进文化艺术的精髓，维持高度的文化自信，成为优秀传统文化的继承者、弘扬者与新时代文化的贡献者、创造者。高等院校美育的不竭精神源泉与强大价值支撑是薪火相传的革命文化与广博高深的中华文明。它们引导着各校大学生积极维持自由活泼的生命底色，自觉提升文化气质与精神气度，将思想境界与人生格局进行提升，使之成为拥有中国底蕴与特质的社会主义事业接班人与建设者。因此，高校美育的目标归旨是文化育人。

二、高校美育开展的对策

（一）加强美育课堂建设

美育课堂教学是学校直接向大学生进行美育的方法是。大学美育课程的教学必须在特定的教育目标、合理的课堂组织、科学的教学理念下开展。

1.注重教育内容的全面性和层次性

在课程内容的选择上，让大学生获得专业性教育，学习到一项艺术技能并不是大学美育的目的。大学美育是通过传递审美知识，来提升大学生的审美感受能力与审美创造能力，从而培养大学生的想象力、理解力、感受力等能力素质。因此，在美育内容的选择方面，不可以只停在表面的审美知识学习上，而应拓宽思维空间与知识范围，还要为大学生提供更多美育课程的选择，这样就可以更好地对大学生实施美育。

值得关注的是，不同的大学生，其气质、价值观、性格等方面也各不相同，当然审美素养也会有所不同。这些差别不仅受先天因素的影响，还受后天学习经历的影响。在成长的历程中，大学生在不同阶段也会有不同的审美需求。在对大学生进行美育时，就需要依据大学生不同的性别、年级、心智成熟程度、思想观念来进行针对性的教育，同时要重视美育内容的层次性。

2.注重教育形式的互动性和多样性

第一，要重视教师与大学生在课堂上的互动性。美育是一种情感教育，要求教师与大学生之间要进行情感与思想方面的交流。在课堂上，教师要营造关系融洽、情理交融、师生平等的教育气氛，这样才可以将学生学习的主动性与积极性充分调动起来，与此同时，要擅长引导大学生展开想象力，并启发大学生的审美创造力，这样大学生对教学内容的理解能力才可以得到提升。在教学过程中，教师也要帮大学生掌握审美对象，指导大学生从多个方面感受和认识美，还要给大学生适当的理解与赏识，尽力创造出和谐快乐的教学气氛，同时给大学生提供更多发言与提问的机会，重视启发式、讨论式的灵活化课堂教学。

第二，在课堂上要重视授课的多样性。在美育课堂上，教师可以根据授课内容，采用新的教学方式。例如，教师采用慕课、微课等方式，把教学内容以音频、视频形式形象地呈现出来。这样学生就可以更加直观地了解与教学相关的美育知识。打破目前美育偏重理论教学的情况，有效地将大学生的审美体验和理论教育相结合，可以提高大学生的审美兴趣，还可以提高美育的教学效果。

（二）丰富校园实践活动

大学美育不仅包括课堂上的教学，还包括课外实战活动。教育部曾十分明确地指出，课外与课内相结合是学校的艺术教育的原则。对美育课堂教学起到很好的补充作用，能完善大学美育教学。在美育活动中，大学生可以把课堂上学习到的理论知识运用到现实中，这样不但丰富了大学美育的内容，还巩固了美育课堂教学的效果。

1. 活动方法上加强引导

学校要培养与选择美育水平比较高的教师成为大学生实践活动中的指导者。教师要擅长发现大学生的爱好特长，提升大学生参与校园实践活动的主动性，让更多的大学生参与进来，而不是让美育活动变成一小部分人的才能艺术展示，这样有利于全体学生的和谐发展与共同进步。在课外实践活动中，老师要给予学生专业性的指导，给学生一些自主发挥的空间，大学生提供可以实现自己价值和潜能的舞台。与此同时，还要将社会资源充分利用起来，邀请校内外一些相关的艺术家（美术家、影视演员、舞蹈、音乐家等）来学校组织演出或开展专题性艺术欣赏教学。各种讲座具备很明确的针对性，其中的演讲者也都是各具特色的名人，所以对大学生有很强的吸引力，且大学生在参加活动的时候也能够得到更专业的指导，从而增强美育效果。

2. 活动内容上展开特色

学校应该根据自身的优势开展有特色的校园活动，增强美育效果。大学生有丰富的业余时间，业余生活就应该更充实。学校可以组建剧院、摄影俱乐部、健美体操队、合唱团、舞蹈队、书画俱乐部等，或者举办大学生演讲、球类比赛、时装秀、阅读报告、辩论等活动。此外，学校还可以让大学生经常参加欣赏影视作品、游览景点、艺术展览等活动。非常重要的是，学校能够依据自身的历史传统优势和地方条件，组织独具特色的学校实践活动。这不但可以让活动与校园生活更贴切，受到大学生的欢迎，而且有助于学校特色与学校传统的形成。

（三）提升教师美学修养

提高教师的审美素养至关重要。学校可以开展相关的审美训练和欣赏艺术表演，从而提高教师的审美素质。在生活和工作中，教师也要注重自身审美情趣的提高。与此同时，教师应该以轻松的精神和大方得体、乐观积极的生活态度面对大学生，成为学生们的榜样。

1. 提升教师内在美

在教学中，教师需要渗透美育、探索审美因素，让大学生获得美育。教师不仅要有相应的审美素质，还应该具有高尚的职业技能与职业精神。作为教师，想要在课堂教学中生动有趣地、有意识地运用审美规律来教育学生，就要具有实行美育的办法与审美知识。不管是劳动技能教学、基础知识教学、社会道德知识教学还是体育活动教学，教师都要在其中找到美的元素。就像蔡元培曾提到过的，每一门学科在智育功能中都包含着美育的要素。只要教师一引导，那么学生自己就会感到无穷的乐趣。[①] 老师要把教授的知识与美相互结合并渗透，让想象力和情感发挥作用，让大学生体会到审美享受，从而达到美育的良好教学效果。

2. 提升教师外在美

教师要着重增强自己的人格魅力。在平时的教学工作中，教师不但要做到仪表美、行为美，更要展现出语言美。首先，教师的着装要能体现鲜明的职业感。教师的着装不但要整洁得体，更要衬托出教师的自然美与人格魅力。然后，优雅得体的动作之美胜过了外表的美。[②] 教师的一举一动要温和有礼貌。教师在与大学生交往时，要用优美高雅的言语和一举一动给大学生起到示范作用、用稳重的台风传播各种知识。最后，教师应该具备语言美。教师拥有准确、幽默的语言表达能力更能得到大学生的喜欢和认同，取得的教学效果也会更好。

---

① 岑岚. 试析美育与人本教育 [J]. 云南财经大学报（社会科学版），2008（3）：143-144.

② 培根. 培根论说文集 [M]. 水天同，译. 北京：商务印书馆，2017：212.

（四）建设优美的校园环境

1. 建设人性化的物质环境

学校的教学场所、学生活动场所、建筑物等都是学校的物质环境。学校的物质环境，是让学生养成良好的理想信念和生活习惯的基础。在大学生成长过程中，干净文明的校园物质环境对他们起到了氛围导向作用，可以让其养成文明的行为规范与乐观积极的生活态度。

首先，学校要营造美观又实用的校园物质环境。学校的建筑物风格、设计布局等要走出良好的校园氛围，体现出美观、和谐的审美特征。这样大学生在获得审美享受的同时还可以提高审美意识。同时，还要重视校园物质环境的实用性。德国的黑格尔曾提到："在建筑艺术中就发生了重要的变化，精神的东西作为内存的意义而分割出来，并且获得了独立的表现，至于肉体的外壳则作为单纯的建筑的环绕物而放在精神的东西的周围。"[①] 建筑虽是一种艺术，但其设计是为了满足人们使用的需要，具有实用性。因此，校园环境会在不知不觉中悄悄影响着大学生的生活。唯有重视校园的美，才能充分将环境美育的作用发挥出来，这样大学生才能在学校的学习和生活中体会到美。

其次，学校要建设高效、先进的教学设施。科研条件与教学手段随着科技的发展在一直变化，且旧的科研条件和教学手段已无法满足教学的需求。因此，学校可以利用多媒体教室、电子图书馆、校园网等教学环境的数字化建设，给教师和大学生创造先进、高校的教学条件。除此之外，美元素还可以利用T恤、校园窗口、板报、明信片等方式进行传播，简单来说就是传播工具可以在学校文化中广泛使用，以促进校园审美的宣传。

2. 建设主体性的精神环境

学校精神环境是一种无形的教育方式。与具有完整教学计划和考核标准的课堂教学不一样，它是一种在不知不觉中影响大学生的精神。优良的校风、和谐的人际关系、人性化的教学管理制度等都属于校园精神环境。优美的校园精神环境能够促进大学生健康、积极地成长，因此学校要构建以大学生为主体的校园精神环境。

维持学校的独特传统底蕴，建设生动活泼的学校环境。学校应该积极提

---

① 黑格尔．美学：第1卷[M]．朱光潜，译．北京：商务印书馆，2017：51．

倡和营造求实创新、健康向上、崇尚科学、团结友爱的学校风气，在具体实行时，要充分体现大学生的主体性，使大学生可以有一些感悟和体会，将美浸入其心灵，而不是被动地接纳严格的道德要求。有必要把学生身心的全面发展作为学校的标准，建设一个生动的管理系统，使大学生健康成长，促进他们养成文明的行为和习惯，并具有高尚的道德情操和积极的精神面貌。

构建科学化的网络平台，以促进学校审美教育的发展。在网络时代，网络课程是一种新型教学资源。学校可以给大学生提供网络美育课程，使大学生能够通过网络随时随地学习美育课程；教师可以根据美育课程的视觉化特点，给大学生提供更加生动、直观的教育内容。除此之外，学校还要营造良好的网络艺术氛围。网络管理者应该实时挑选信息，指引大学生开展主导性较强的网络审美教育活动。同时，在开发与设计校园网时，重视内容结构的新奇和网页的颜色搭配，给大学生带来美感。

第六章 高校美育课程设计探析

第一节 高校美育课程的目标与内容

一、高校美育课程目标

课程设计首先需要做的就是制定课程目标，这不仅可以更有效地把教育目的与课程相互连接起来，还有利于把握课程编织与课程设计工作的方向，对课程内容的组织与选择具有重要作用。课程目标不仅为课程实施提供了切实可靠的依据，还为课程评价提供了准则。发展高校美育的基本理念是大学生身心全面协调；其根本目的是促进大学生对完美人格的塑造，使大学生身心和谐、健康、全方面地发展；其具体的发展目标包括专业素质、全面素质、人文素质、审美素质等方面。

（一）审美素质目标

1.审美感知、感官系统开发

审美的原意并不是指对事物的创造，而是指观照与知觉，即倾听事物、阅读事物、观看事物。[①] 人类认识世界的根本方式是感知，而感知觉神经是人获取外界信息的首要通道，因此人类对美的世界的认识同样如此。首先，美育信息会被人类的五个感官所获取；其次，大脑中枢会对这些信息进行初

---

① 史密斯. 艺术感觉与美育 [M]. 滕守尧，译. 成都：四川人民出版社，2000:5.

级加工，并产生感知觉。对感官系统、审美感知的挖掘是大学生审美素养的首要任务。

（1）大学生触觉、视觉、味觉、听觉、嗅觉等感官能够直接感知各种美的事物。学生应积极认识、接触、了解自然美、科学美、社会美与艺术美等，并利用美术促进视觉系统的开发，利用音乐促进听觉系统的开发，通过现场感知的人文景色、自然景色等调动味、嗅、触等感官。

（2）大学生应该具备仔细地体味与观察各种美的事物的能力。学生要对形式美的要素有充分的认识。例如，色彩包括调和色、色明度、色饱和、色相；声音包括音质、音调、音强、音长；形状包括流体、固体、高低、大小、体、面、线、点等；动态包括轨迹、方向、移动、动作、运动方式等；质地包括细、粗、滑、热、冷、硬、软等；气味包括浓香、清香等；味道包括甜、咸、辣、苦等。学生应学会感知审美的形态、变化、运动、质地、色彩等细节，增强对生活审美性质的敏感度。

（3）学生可以对艺术的整体进行感知，并具备感知艺术作品的媒介的能力。例如，视觉艺术媒介包括绘画、电影、颜料画、摄影、版画、数字艺术、雕塑、建筑等。掌握艺术作品中不同要素与成分之间存在的联系，对产生联系方式的形式进行具体分析。学习不同艺术元素的结构、设计与组织结构；学习形式美的相关法则，如统一性、多样性、平衡、对比、比例和尺度、主次、韵律和重复等。

（4）大学生拥有发达的感知审美能力、高水平的审美通感，可以形成视－味、触－听、听－视、视－听等通感能力。例如，中国的古代诗词中有非常强烈的通感意识，可以从颜色中感知冷暖、从自然山水中感知节奏。

2. 审美认知神经系统开发

美育的相关信息通过五个感官渠道被集取后传入大脑的中枢皮质之中，进行初级的加工后产生感知觉，然后大脑会进一步对这些信息进行储存、编码、理性加工和形象加工等处理，通过大脑活动认识美的规律与本质并对美进行创造，如思维、想象、联想、记忆等。目前，需要激活学生的联络神经纤维的重要作用，增强大脑传递、接受与综合信息的能力，努力奠定形成概况、联想与抽象思维的物质基础。同时，利用审美促进认知神经系统的发展，增强审美记忆、联想与想象，以利于提高与认知相互交织的评价能力和审美的理解水平。

（1）审美记忆。大学生可以自主认识、感受美的事物，可以自主构建审美信息的记忆空间。在日常的学习生活中，也可以有目的、有意识地划分感知到的不同的美育信息，并将其分为词语记忆、动作记忆、情绪记忆、形象记忆等。这种分类方法可以使大学生明晰头脑中的美育信息记忆，可以有意识地提取头脑中的美育信息，并合理加工记忆内容。需要说明的是，审美记忆环节受美育信息丰富程度的直接影响。记忆能力也是一种重要的审美能力，可以有效记忆审美的相关经验，这就可以推进以记忆表象作为根本的思维与想象等认知活动的开展。

（2）审美联想与想象。大学生拥有良好的进行审美联想和想象活动的能力，他们可以加工脑中已有的审美信息的形象，大学生除了要学习创造想象、再造想象外，还要掌握形象联想、空间联想、色彩联想、意义联想、关系联想、对比联想、相似联想、接近联想等内容。

（3）审美理解。大学生可以对内在表象进行调动，通过对自身记忆与经历的调动进行自我理解、诠释，以达到共情的目的。大学生可以利用想象与联想等方式对艺术作品的景外之景、象外之象、韵外之韵进行理解领悟，反复地琢磨艺术作品，对其进行艺术感知，对其蕴含的精神内核进行比较深刻的体会认识。大学生还可以积极地去了解艺术作品的相关背景信息，对专业审美的知识进行补充，如艺术理论知识、美学与批评理论、艺术史知识等；利用一些艺术作品的形式，如线条、性质、设计、颜色、材质等，去深刻理解艺术家希望向观众传达或表达的东西，或者说艺术作品的意义与信息，即艺术作品的内容。

（4）审美评价、判断。大学生可以利用美的知识和原理对美的内涵和规律进行分析，通过所学概念与知识系统深入地对美的内在和外在进行评价，深入探究对艺术与人性、道德、科技、生活等存在的关系问题。此外，大学生可以利用专业的艺术评测方法有目的地写出比较优秀的论文，其中具体的评估方法有关联理论、形式理论、表达性理论方法等。

3.审美体验情绪系统开发

与其他教育相比，美育的不同之处在于美育是美感的教育，可以培养审美情感。因此，对大学生情绪系统的开发是培养大学生审美素养过程中非常重要的环节。通过刺激大学生内分泌、循环、免疫等生理系统，可以促进其身心和谐发展，情绪健康发展。

（1）大学生拥有审美欣赏的态度和兴趣。大学生可以主动对各种美进行体会，如经典的美、传统的美、流行的美等。在日常生活中，大学生可以通过审美活动调节自己的心情。大学生应该从传统的文化中汲取精华，从而陶冶情操、修身养性。

（2）体验与分辨美感的能力也是大学生不可缺少的。大学生拥有对优美感、喜剧感、壮美感、悲剧感等的体验能力，可以体验不同风格的美，且各种审美情趣、情感、体验等水平较高。大学生的情感比较丰富、细腻，可以品味细腻复杂的审美情感，如悲哀、幽默、鄙视、屈辱、伤感、神圣、崇高、恬静、思恋、陶醉等。

（3）大学生应该拥有正确的审美价值观。大学生要积极进行审美评价，可以辨析出我国传统文化所蕴含的魅力，欣赏我国传统文化。感受艺术的魅力，品味中国意蕴，可以促使大学生养成正确的审美爱好与兴趣；在生活中养成高雅的气质，具有正确的审美价值观和人文情怀，可以营造艺术氛围；具有欣赏生活、自然与世界其他民族艺术美的情操；提高大学生审美赏鉴的能力，积极对低俗、媚俗、庸俗的现象进行抵制。

4.审美表现技能运动系统开发

大学生在思维、情感、想象、联想、审美感知等审美活动逐渐活跃的时候，会想要把在外界获取的审美信息和加工内化过的审美信息调取出来，即内心对美的表现愿望。所以，审美表现的技巧训练也是美育非常重要的一环。基于大学生神经运动的模式，大学生要提高其审美表现能力。

（1）大学生可以调动各种思想、情感进行审美表现。

（2）大学生具备美化周围环境的若干技能。

（3）大学生具备比较系统的美化内心和自我外表的技能。

（4）大学生具有2～3个较高水平艺术种类的审美表现技巧。

（5）大学生积极参加艺术展演和艺术社团活动。

（6）大学生可以把技能与身体美感的展现相结合，尤其是对于专业艺术教育的大学生而言，应该具有更强的表现创造的意象能力。

5.审美创造与全脑、全身心发展

（1）大学生具有非常丰富的审美意象，其存储了很多意义深刻、内涵丰富、形神兼备的作品，如科学意象、人生意象、社会与艺术意象、自然意象等。因此要加强锻炼大学生的记忆、情感、想象、思维、联想、审美感觉等能力，增强其审美创造能力，并使之综合各种能力。

（2）以遵循美的规律与本质为前提，大学生可以利用一定的技法创新制造高水平的审美意象的事物。记忆、情感、联想、思维、感知等能力可以使大脑形成新的审美意象。通过把脑海中的审美意象转变为手中意象，创作可以表达自己本身认识和情感的艺术作品。一般的大学生可以构建比较简单的审美意象，通过简单的技能去进行表达，而对于艺术专业的大学生来说，他们具备形成非常丰富的审美意象的能力，能够使用比较熟练的艺术表现手法对脑海中的意象进行表达与创造。在艺术创作过程中，大学生需要先在内心中产生共鸣，再对外表现作品。

（3）大学生可以跨界思维，突破专业的限制，对美的共同点进行深刻认识与了解。

（二）人文素质目标

（1）为使大学生更深刻地理解艺术背后所蕴含的文化多样性，需要促进其审美鉴赏能力的提高，使之可以认识和理解不同文化中所具有的审美元素。

（2）大学生通过学习与认识中外传统艺术与中外艺术史可以更加深入地了解与认识不同国家的价值取向、宗教、哲学、科技、文化、历史等方面的内容。艺术史记录了人们在不同时期的行动、感受与生活。学生们通过学习艺术史可以深入了解当时的文化、宗教、科技与价值。学生们可以学习各个时代的艺术，如西方古典时期和巴洛克时期的欧洲与亚洲的传统艺术、现代世界艺术与后现代世界艺术、文艺复兴时期的文化等。我国的传统文化是独一无二的，是其他民族无法代替的，是根植于我国悠久的历史文化中的，其人文资源异常丰富。

（3）通过对艺术的学习，大学生能够树立社会主义核心价值观，有正确的价值判断的标准，能反思自我的人生价值观，提高社会责任感，拥有大爱和大美精神，从而造就美好人生。

人文知识是一种反思性的知识，旨在通过认识者个体对历史上所亲历的价值实践的总体反思呈现出认识者个体对于人生意义的体验。[①] 人文学对人的经验中表现出来的评价性与戏剧性情有独钟，这是人文学情结最为显著的性

---

① 周浩波．教育哲学[M]．北京：人民教育出版社，2019：142.

质；人文学送给人的价值亦是一份非常独特的礼物，这是人文学做出的贡献。

大学生可以通过树立正确的三观，选择重要而正确的价值观并乐之、好之和爱之，包括民主、自由、理性、容忍、公正、正直、美等，促使其提高对于社会的责任感与使命感，从而拥有美好人生。

（三）全面素质教育目标

大学教育的目的在于培养全面的人、完整的人，即全人。不管是西方还是东方，对人的德性的培养是教育的基本目的。现代大学注重对人的存在问题的研究，追求美，讲人文，讲人统，理解人间社会，品味真善美，执着追求价值与信仰。总之，大学可以促进学生自我人格的提升与完善，是学生精神发展的重要场所，还代表着大德、大爱、大智。

提升审美的素养，可以在不知不觉中影响学生全面素质的发展，使大学生形成和谐人格，并以美促劳、以美健体、以美寓德、以美启智，培养其成为身心协调、健康、全面发展的大学生。因美育信息内容的多样化，对其同时携带的其他几育信息也可以进行分析。

1. 以美寓德（善）

美育中蕴含着德育的信息。德育承担着精神和思想教育的重任，如人生价值观、科学世界观、民主法制、社会公德、集体主义、理想主义、爱国主义等。人的美并不是单一的内在美或外在美，而是由两者相互结合形成的，其中内在美具有决定性作用。外在美是指可感因素的美，包括人的语态语言、动作表情、姿态体格等。内在美是指精神品质上的美，包括世界观、人生观、价值观、思想品格等；美育的自由性与形象化，不会强制育人、灌输道德理想，它是在欣赏中育德。在提高审美素养的同时也会受到思想教育。

2. 以美启智（真）

美育蕴含着智育信息，可以对人的智慧进行启迪。例如，在音乐审美教育中，其音符之间存在某种数学比例关系；对称、空间、平衡关系等形式的美术造型也具备比例关系；还有文学中的行文逻辑、用词、语法等也属于智育信息。所以，科学和人文艺术存在着某种交叉关系。

3. 以美健体

美育蕴含着体育信息，如仪态端正，四肢躯体健康、协调、均匀，举手

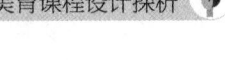

投足既具有感染力又符合规范等。学生应该努力塑造比较优美的体形，以美促健，使身心愉悦、健康发展。

4. 审美创造与劳动实践

美育蕴含着技术教育与劳育信息。美育使人们在创造、劳动的过程中收获快乐，提高其参加劳动、创造活动的积极性。大学生可以在具体实践的过程中深入体验美为我们带来的快乐、自由的感觉，促进其全面与自由的发展。

（四）专业素质目标

1. 艺术专业学生审美素养

艺术专业的学生坚持以人格为先，先识器而后文艺，其拥有专业的艺术素养、比较优秀的审美素质和坚实的文化根基。

2. 艺术师范生审美素养

教育情怀是艺术师范生所必备的，要求其具有扎实的专业基础，积极创新，热爱学习，追求进步，增强综合育人的能力。

3. 文理工专业审美素养

文科、理科、工科等各个专业的大学生要以自己学习的专业为出发点，挖掘专业所具备的美，提高自身专业鉴赏力、创造能力、专业热情和专业审美能力。

促进大学生的身心协调发展是高校美育课程的终极目标。高校美育课程的目标体系可以划分为两个部分。一部分是为加强专业学生的专业信念，激发其创造力、表现力和审美鉴赏力，提高专业创新的能力与意识，以专业学生作为目标制定所需考虑的对象，包括普通高校专业、艺术专业审美素质发展、专业审美素质发展等。另一部分以全体学生作为制定目标的参考对象，包括学生审美素养的发展，科学素养、德智体美劳、人文素养等全面发展以及创造力、个性的发展，这也是美育的独特目标。其中，表现目标、理解目标、审美感知目标等在内的美育目标在中小学阶段完成，审美创作、审美判断和审美评价等美育目标主要在大学阶段完成。但事实上，刚刚实施基础教育阶段的美育。例如，在2017年进行修订的《普通高中艺术课程标准》中提到，文化理解、审美情趣、创意表达、艺术感知这四个方面构成了艺术学科的核心素养。面向全体学生，发展素质教育是艺术课程的目标。学生艺术学科的核心素养是美育的重要方面，立德树人是根本任务，因此要对其加强培养，以美育人，提高其对社会的责任感，促进的学生健康、全面的发展。在艺术与文化、科学、生活等相联系的情境里，大学生可以通过参加不同艺术门类的实践活动，体会审美情趣、创意表达、艺术感知等核心素养。

二、高校美育课程内容

课程目标是选择课程内容首先需要考虑的部分，符合课程目标的相关要求且比较规范的直接经验与间接经验组合构成了学校课程的文化知识体系，其构成要素包括三个维度：学科知识、社会生活经验和活动经验。

知识的形成与发展需要通过客观事物与人的相互作用，其是人的大脑对事物本质属性、外部属性与规律的反应。[①] 人类认识成果的结晶是知识，知识的存在是通过范畴体系与思维形式证明的，即预见、假说、推理、判断、概念等。人所收获的知识作为信息被人脑储存，在最初阶段具备外在性，更深层次的内化需要体会、体认、体验和体悟，再经过意和情的进一步作用，可以融合为自己的东西，转变为素质的一部分。促进学生的专业、人文、审美、全面素质的发展是高校审美教育的课程目标，即学生身心素质的全面、和谐、健康的发展。所以，达成其课程目标需要其内容的有力支撑。

（一）高深知识内容（美的本质与规律）

1.高等教育特殊性

课程与知识的价值、性质、组织及传递方式有关。想要解决关于基础阶段的美育与高校美育的区别问题，要求我们以高等教育哲学为依据进行思考。在《高等教育哲学》一书中，布鲁贝克就说明了基础教育与高等教育之间存在的差别，从哲学的角度上辨析了高等教育的特殊性。布鲁贝克表明，与初等和中等教育相比，不同的教材是高等教育最大的不同点，即高等教育更加强调对高深学问的探讨。[②] 这些学问可能已被人所知，但其过于深奥，寻常之人难以掌握理解，或者这些学问还处于未知与已知之间的交界处。布鲁贝

---

① 陈琦，刘儒德．当代教育心理学 [M]．北京：北京师范大学出版社，1997：246.

② 布鲁贝克．高等教育哲学 [M]．王承绪，郑继伟，张维平，等，译．杭州：浙江教育出版社，2002：3.

克在这里所讲的教授高等学问的地方包括专业学院、研究生院与文理学院。

2. 高深知识释义

高深学问是高等教育的根本所在，也是其哲学方面的起点，还是对初等、中等与高等教育进行划分的重要依据。

站在教育学的层面上对高深的学问进行探究，布鲁贝克提出高深的学问由深奥的探求所构成，即专门的知识。所以，专门的知识与高深的知识具有密切的联系。布鲁贝克把高深的学问划分为两种：一种是以探索认识知识的本身为目的，另一种是以追求知识的有用性为目的。在高等教育哲学中，强调认识论的人趋向于以"闲逸的好奇"这种精神层面的追求为目的，他们积极对其生存与发展的世界进行探索，努力了解与认识让他们产生好奇的事情。不过，这种对知识闲逸的追求已不能满足发展中的人们的需求，人们开始追求越来越精准的知识验证。真理成为高深学问的原则，不仅要求对客观真实的绝对忠实，而且要求逻辑上的严密、概念上的文雅且充满力量的说明解释、具有概括性且非常明确的理论。政治轮是第二种高等教育哲学，强调政治论的人已不局限于"闲逸的好奇"，而是探索深奥的知识还有对国家的影响。

苏永建、林杰认为高深知识是以具体的课程、专业和学科为载体，是一个抽象的概念；同时，它受社会发展的影响不断地分化和细化，从这个角度讲，它又是一个社会性的概念。与一般知识相比，高深知识具有不确定性的特点，它对于知识的态度具备批判、探究、质疑等特质。①

综上所述，推理、判断、概念属于理性认识与抽象思维的认识阶段，而印象、知觉、感觉是感性与直观的认识阶段。人的认识是由感性到理性、直观到思维的过程；知识是分层次的，高深知识的高就是人类理性加工的结果。人类必须对关于某事物的概念进行认识与了解，才可以对某事物做出相应的讨论、判断、推理。

高深知识对于科学研究来说是非常重要的。从人类认识的方面讲，高深知识是解释与揭示事物的本质及本质联系的知识，属于陈述性的知识，是抽象、理性的推理、判断与概念。知识的载体与基本类型是概念与原理。价值观、态度、情感、方法都会凝结为概念与原理，得到集中与明确表达。

---

① 林杰，苏永建．高深知识是高等教育特殊性的来源 [J]．高等教育研究，2015，36（12）：23-25.

事物的本质属性与固有属性是其特有的属性，能反映其特有属性的思维形态就是概念。概念和认识处于不断向前发展的状态。以某类事物为例，在人类认识它的起步阶段，其外部特征与其衍生的固有属性是我们最先进行认识的部分，即特有的属性，对其概念也处在初级认识的阶段。但随着实践经验的不断丰富，人类逐渐对某类事物的内在本质进行了解与认识，不断对其决定性的特有的属性进行认识。在这个阶段，对其概念的认识处于比较深刻的阶段。

位于学科顶端的原理体系与高级概念是所有学科发展的高级阶段，学科概念是最顶层的概念。高深知识是这门学科中最高级的概念，它拥有着极为深刻的内核，在整个学科知识体系中处于具有极其重要的地位。

不同的比较对象对于高深知识存在着不同的认识和理解。例如，学科和学科之间相比较，就可以知道历史上高深知识的不同理解；与学科内部的所有知识相比较，就可以知道，现象为一般知识，概念为高深知识；在概念之间相比较，就可以知道学科概念是全部概念中的高深知识。

3. 高深美的知识含义

依据上文的论述，高深美的知识，即对于美的本质、规律性与哲学的认识，位于学科领域中最为高级的水平。所以，应该与基础教育相区分，并在高校美育的课程中设计自己的特色，教授高深美的知识。

（二）基础知识内容

布鲁贝克在《高等教育哲学》一书中谈到，与初等、中等教育相比，高等教育最大的不同就在于教材的不同。所以，高校美育应该与基础教育阶段的美育区别开来，其应该教授高深美的知识。但是，实际调查显示，大学生对于基础美的认识并不深刻，在小学阶段也并没有系统地学习审美知识。所以，在高校美育课程的开展中，关于美的基本知识的教授还是非常必要的，即美的分类与特征等知识的教授。按照不同的领域对美进行划分，可分为科学美、艺术美、社会美、自然美等。这部分属于美的基础知识，适合用于小学和幼儿园的教育中。依据美的外部特征能抽取出所有美的事物的形式就是形式美。形式美的知识比较抽象，其适用于初中阶段的教学。在这一阶段，中学生也需要了解认识美的各种分类。依据美的风格可以划分为喜剧、悲剧、壮美、优美等风格。这一部分美的知识位于整个知识体系的中间，适用于高中阶段。适用于大学阶段的美的知识是美的哲学这一部分，即美的规律性及其本质。此外，在大学阶段，大学生对于美的方法论与理论知识也应适当认识了解。

第二节　高校美育课程设计依据

通常来说，知识的发展、社会的需要与学生的基础构成了课程设计的基础。其中，学生基础是课程设计最重要的来源，分为学生的学习需要与其已有的学习经验两部分。在经济高速发展的今天，从高校美育课程这一方面讲，高校要在遵循高等教育基本规律的前提下，满足大学生对审美的需求，必须为其提供相应课程，这就形成了高校美育的根本特定。面对美育课程的高度需求与美育当前面临的处境，高校美育课程按照党与国家的教育方针，即德智体美劳全面发展，为大学生制定设计相关课程。

一、高校美育课程设计的理论基础

（一）泰勒课程基本原理

20 世纪初期以来，伴随着现代工业技术的飞速发展，教育研究以精确、定量、实效、科学作为追求科学的重要标准。20 世纪 30 年代后，课程重建的活动由"八年研究"运动掀起。当时驰名中外的课程理论专家拉尔夫·泰勒以实验结果为依据，提出了课程设计的根本程序，并在《课程与教学的基本原理》中详细地阐述了相关的理论。从行为理论的层面上，他发现了课程设计过程需要注意的问题，即目标的制定、内容的选择、相关组织的实施与对课程的评价。

1. 学校试图达到什么样的教育目标

对于学校教育目标的相关问题，泰勒没有直接解答，而是对制定学校教育目标所需要的五个基本来源进行了解释，即心理学上的意义、哲学上的意义、学科专家的意义、校外生活、学习者本身的经验，说明了学科发展、社会发展、学生发展是目标制定的重要的考虑方面。同时，泰勒又指出，因为教育目标的多样性，其制定要经过"心理学""社会与教育学"的选择，既符合学校办学的相关要求，又要关注学生身心的健康发展。

2. 提供何种教育经验才能达到这些目标

教育经验对于不同的学科与学校都有所不同，其是为教育目标服务的教育内容。学校要为学生与教师提供相应的学习与教学经验。关于学习经验的选择，泰勒提出五个基本原则：学生可以有多种学习结果、学生有多种学习途径、学生有实践的能力、学生学习需求可以得到满足、学生有实践的机会。这种经验还可以培养学生的学习兴趣、思维技能，有助于学生获得信息、形成社会态度。

3. 如何有效组织这些经验

泰勒提出，较为单一的学习经验不会对学习者产生较大影响，需要把它们组织起来，使其相互强化。[①]为确保有效地把学习经验组织起来，要坚持三个原则，即整合性、顺序性和连续性。整合性是指课程的横向联系，顺序性是指把新的学习经验建立在已存在的经验基础上，连续性是指主要课程要素的直线式重复。

4. 如何确定这些目标真正地被实现

教育目标与学习结果之间存在的差异就是行为目标理论的评价，是一个确定教学计划与课程实际完成教育目标程度的过程。泰勒详细阐述了评价结果和程序的使用。评价过程中对于评价情景性的考虑是非常重要的。例如，对于教育外在目标的过度强调、学生与学校成为产品与工厂、学生在教育加工下的个性的丧失等，都是泰勒模式"输入—产出"过程中不同的批评。以斯滕豪斯为代表提出的课程设计的过程模式可以解决这些问题，但仍然会陷入矫枉过正的矛盾中，即尊重学科知识的逻辑性与尊重学生主体性之间的矛盾。泰勒原理并不关注课程内容，而是侧重课程设计的方法，从这个层面讲，经过持续的改造和完善形成了目标模式的整体设计理论。该课程设计程序容易掌握，比较具体，在高校美育的开发过程中意义非凡。

（二）布鲁纳结构主义课程理论

20世纪50年代后期，美国决心对自然科学和中小学数学进行改革，结构

---

① 泰勒. 课程与教学的基本原理[M]. 施良方，译. 北京：人民教育出版社，1994：116.

主义课程理论就此诞生，而结构主义心理学与哲学也为其提供了发展基础。①结构主义心理学重视外部环境与个体认知结构的相互作用，促使个体的心理发展，其教学的方式与材料就是以学生的认知结构为基础去选择的。结构主义哲学对于单纯经验论持反对意见。它反对孤立地对局部进行研究，不提倡单一的钻研外部现象，其坚持整体，提倡从关系与系统两方面对事物进行把握。对于教学方法与教学的内容，结构主义课程理论也对其进行了非常系统的论述，布鲁纳在《教育过程》中对其进行了表述。

1. 关于课程目标

布鲁纳强调，我们的课程不仅仅是把学生塑造成为一个成绩优秀的人，更重要的是让每个学生的智力得到提高与发展。②在社会与工艺极其复杂的环境中，依据学生自身拥有的认知规律，通过优秀的教学使学习能力不太强的学生也可以顺利地上课，这就是学生的智力发展。除此之外，课程目标还要求学生体会到知识的形成过程，勇于在学习中探索与发现。

2. 关于课程内容

布鲁纳重视发展知识的基本结构，即学科的基本机构。老师应坚持把所教授学科中的根本概念与教学方法、学校课程相结合，而其所蕴含的根本概念是对各个学术领域的根本原理的反映，因此教师可以把这些根本概念传授给学生，促使学生在学习结束后把其学习成果进行迁移。在此基础上，布鲁纳制定了课程编制的螺旋法，也就是将围绕着根本概念和其内在的关系组合螺旋式展开，即学科的基本架构，利用与学生思维发展相符合的教学方式，完成概念的上升与迁移。

3. 关于课程的实施

布鲁纳支持启发性与态度教学，就是引导学生树立积极向上的态度，着重于学生思维的启发，这个过程也是一个发现的过程。发现学习是指教师不直接教授给学生概念和知识，而是引导学生主动学习教师提供的信息和资料，在实践中了解认识事物，积极主动的思考，从而使学生形成有关学科的基本原理、结构和概念。在构建一个学科的基本结构时，需要把一些引人入胜的

① 徐同文. 大学课程设计 [M]. 北京：教育科学出版社，2011：24.

② 布鲁纳. 教育过程 [M]. 邵瑞珍，译. 北京：文化教育出版社，1982：30.

部分保留下来，让学生自己去认识与探索①，依据课程内容的螺旋方式，促使"再发现"的产生。

4. 关于课程的评价

布鲁纳还强调，在组织与设计考试的过程中应该以学生对于具体事实的理解作为基础，不管是什么形式的测试，都应该更加侧重对于学科一般原理的理解。布鲁纳结构主义课程具有非常广泛的影响，特别是在高等教育中的课程设计方面。高深知识的教学与学科结构的教学、一般原理的教学在设计的相关方面存在着相同特点。高校美育课程不可能包括所有的美，它可以把美的规律和一般概念上的美运用到具体的审美实践中，促进建设美育课程的秩序与规则的建设，提升学生在审美认知方面的思维能力。

二、高校美育课程的逻辑起点与指向

（一）以高深审美知识为逻辑起点

高等教育的逻辑起跑线是高深知识。布鲁贝克提到，高等教育强调对高深学问的研究，更加侧重比较深奥的学问；伯顿·克拉克认为，高等教育的任务是以知识为中心点展开的，由于高深学科本身及其自治倾向、自体生殖，使高等教育成为不可代替的存在。② 高等教育所具备的特殊性与内在规定性以对高深知识的不断探索为基础。换句话说，高等教育与基础教育的根本区别就是其以高深的知识为营养去培养高层次人才。在此基础上，它还接受中等教育的毕业生，提高其行为意识、个人认知、意识和情感的发展水平。

在一定的美育基础上，美育可以有效促进大学生发展，使大学生通过参加有关的美育实践活动获得新的审美经验。学生提高审美能力必须以一定的理性基础为前提，这里谈到的理性基础就是美育中蕴含的高深知识。高校美育在实施过程里表现出三种异态。一是过度实化，其名称为"艺术教育"，即利用如绘画、书法等艺术教育取代美育。艺术教育已成为美育的重要载体，并普遍存在于各大学校中。艺术教育可以对人的心灵产生重要的影响，通过

① 布鲁纳. 教育过程 [M]. 邵瑞珍，译. 北京：文化教育出版社，1982：39.

② 克拉克. 高等教育系统——学术组织的跨国研究 [M]. 王承绪，徐辉，殷企平，等，译. 杭州：杭州大学出版社，1994：12.

学习艺术陶冶我们的情操，提高我们的审美修养与人文素质，在这个过程中艺术教育成为美育的一部分，是其充分不必要条件。但是，如果艺术教育把传授相关艺术技巧作为其第一目标，逐渐转变为对艺术技能的教育，那么艺术教育的本质就完全改变了，就不再拥有美育的意义。二是过度虚化，其名称为"通识教育"，即在美育的课程中大多是品鉴、欣赏等较为模糊的词语。高校审美教育的虚幻形式使其被归入通识教育课程的体系。例如，鉴赏、欣赏等词是对艺术作品的认识和分析，甚至为了追求课堂授课的效果，把理性评价理解为低俗文化，脱离知识教学。三是过度专化，即用美学的原理取代美育，其最为直接的表现就是大学的美育教程，其原理是在社会科学与自然科学中拥有普遍意义的基本规律。以此概念为依据，美学原理应该归属于美育的高深知识，但其更加侧重于美学，是关于美的高深知识，对美的本质进行了高度概括，后又转向哲学。这显然不符合美育的初衷。

从高等教育的逻辑起点方面看，美育中的高深知识是与审美和美有关的规律和要素结构。大脑理性运行可以充分认识结构与规律，因此理性思维具有充足的历史实践性、严密的逻辑辩证性、积极的综合创造性、高度的概括抽象性。理性思维处于人类心智操作的最高水平，因此大学生应该做理性思维的主导者、实践者。高校美育需要利用美的知识提高大学生的思维水平，而不是只处于简单、单一的艺术鉴赏活动的层次。高校通过组织学习与实践让大学生对艺术美、社会美、自然美等美的基本形态进行了解认识，充分体会到"知其所以美"蕴含的深意；还需要利用艺术学和美学的相关知识组合成美育的高深知识作为高校教育的主要内容。学科专业是高等教育规划学习领域的重要依据，不同的专业知识具备的逻辑特点不同，依照其特点对其进行调整和组合，形成内在的逻辑美与外在的形式美。高等教育还强调不同专业学科之间的联系、融合。大学生对于自己选择的专业要保持热爱，主动去挖掘专业蕴含的美，积极跨越专业、领域去发现美，并且科学合理地运用美的基本规律。

（二）以补偿和发展为价值取向

在学生全过程、全方面的教育中，美育是最薄弱的部分，体现在学生所受教育的全部过程中，特别是在基础教育阶段，学生缺失学校美育，这对学生大学时代的美育产生非常恶劣的影响。有相关学者对美育的形式进行了归类，将其分为三种类型：启蒙型、普及型与文化型。启蒙型是层次较低的美育，适用于缺乏文化启蒙教育的成年人、青年或者幼儿；普及型是中等层次美育，适用于人民大众及具有一定文化的知识青年；文化型是水平较高的美育，其教育活动的开展需要以高水平的艺术修养为基础，适用于从事艺术、文化工作的专业人士、干部、知识分子及高校学生。但是因为一些客观原因，大多数的大学生缺乏参加体艺活动的相关经验。大学美育的根基是参加体艺活动的经验，这是由大学知识具有的高深性与教育的实践性这两种特性决定的。高校的两级目标是提高大学生的专业审美能力与包括1～2项艺术技法与艺术鉴赏能力在内的艺术素养，以大学生存在的审美、美育需求为出发点，延展跨界审美的相关课程，把艺术鉴赏课程作为基本载体，以开创专业知识与审美理论相互融合的专业教学、经典艺术作品与创设审美规律相结合的鉴赏教学为路径，提高大学生的人文素养、生活品质与专业品质，提高其对专业知识与经典艺术的审美认知水平。

高校美育以大学生已经积累的审美经验为根本，引导学生参加审美创造的相关活动，更加全面地讲解审美规律与美学原理。针对大学生普遍存在的审美经验不足的问题，高校美育应该先对其进行课程辅导，设计有利于促进大学生审美创造能力与审美经验的课程，其目的不仅是对美的应用与基本规律的强调，更是对于大学生感性审美能力的培育，促进大学生审美理性的发展。

（三）力求实践的美育活动

培育人才实践活动是教育质的规定性的表现和根本特征。教育家杜威认为，在人们探索教育目的的过程中，要在教育过程中去找寻，而不可以脱离教育过程。[①]杜威所提出的实践教育论把教育手段和目的有机结合起来，称其为教育的内在目的。美育要注重实践，让学生去发现美、创造美、鉴赏美，学会陶冶情操，开创美好的生活。在教育目的的引导下，美育可以通过艺术展演、创作、欣赏等活动进行，其目的与手段是非常统一的。

仅仅通过单一的课程为学生传授审美技巧和技能不符合美育目的的要求，其目的在于使教育的实践变为审美的实践，在教育过程中发展学生的审美。因此，这个过程需要达到三个要求：一是学生需要找到使其身心愉悦的美好

---

① 杜威．民主主义与教育[M]．陈志琼，译．北京：中国轻工业出版社，2015：113．

事物，使教师和学生可以在共同的审美环境中一起去感受美；二是学生需要对于教育自身的美好进行感受，要发自内心地热爱教育活动；三是学生需要悦纳自己，积极完善自己，使自己成为美的代表，在德智体的教育中领悟到真正的美育。高校美育的目的就是美育本身，把教育活动改为审美活动，把教学环境改为审美的环境，这就是其实践性特征。

第三节　高校美育课程设计思路

一、课程目标设计

依据所提供的课程计划进行授课从而达到人们所希望的具体目标就是课程目标，其表现出清晰和精确的系统化特征。在设计课程目标的过程中要对课程目标的相关概念进行深入分析，在此基础上结合相关原则，建设完整严谨的目标系统。课程目标承担着连接学校培育目标和教育目的的重要责任，在对课程内容的选择、实施与检验过程中，表现出非凡的统摄和指导意义。[1]

（一）目标来源：大学生审美需要、社会立美发展和专家意见

课程目标可以清楚地表现学习者通过教育所发生的改变，并成为其能否成功的准则。单从某一个方面并不能确定课程目标，而需要学校进行全面且明智的选择与制定，所以单一的信息不可能成为其依据。高校美育课程的教育对象包括缺失美育经验、经济条件较差的大学生，也包括具备美育经验与经济条件好的大学生。依据目标模式的原理，课程目标的制定需要三个方面的依据。

第一，大学生的审美需要。课程的教学目的是为了引导学生的科学、健康发展，而高校美育是为了满足学生的审美需要。需要是指一种不满足的形态，对于"需要"一词泰勒给出了两种解释：一种是有机体内部存在的张力平衡；一种是理想和现实之间存在的差距。学生的审美意识较强，不过其审

---

[1] 赵伶俐，温忠义. 互联网＋大美育课程论 [M]. 北京：北京师范大学出版社，2016: 44.

美行为和意识之间的差异较大。面对这一现实情况可以做出两种猜想。一种是因为学生自身缺失审美经验，缺少对于美的感知能力，其对美的体验水平与感知水平不高，不能以愉悦的体验感去激发提升审美的欲望，不能维持自身的审美张力的平衡，这是学生美育素质较低的直接原因，对其以后的身心发展产生巨大的影响。另一种是学生具备对审美能力与审美意识之间存在差异的认识能力，使大学生可以更好地表达审美需求。美育课程的需求调查活动结果表示，大学生非常喜欢美育课程和艺术技能，这是对其审美需求与美育需求的有力证明。在这两种假设中，美育课程应该更加关注大学生存在的隐藏需求，从而更好地促进学生的审美学习兴趣的提高。如果学校为大学生提供的活动可以激发学生兴趣，那么就可以有效地调动学生的参与积极性，提高大学生在这些情境里从容应对的能力。[1] 以需要层次理论为依据，可知生理需要也是审美基本需要的一种。审美是一种可以使人身心高兴愉悦的独特体验，也是个体在体验快乐和愉悦时自我实现的需要。从这一角度讲，大学生具有强烈的审美需要。

第二，社会立美发展。在当代社会的飞速发展中，人们对于美的追求也逐渐加强，使文化、政治、经济等领域都体现了人们对于美的态度与追求。现代大学离开象牙塔走向社会，加强了与社会的联系，使大学课程受到了社会发展的影响。随着经济发展速度的提升，社会发展质量的要求也得以提高。发展质量的重要标准转变为"美"，使品格品行的美、生态环境的美、社会生活的美都成为重要的共识。党和政府在多个文件、多种场合指出发展美育的重要要求，其中就包括高校美育。人具有社会性，每时每刻都生存在复杂的社会生活中。不过，对于当代社会活动的识别本身并不能成为这些活动具有合理性的证据，并不是所有的社会生活都能够成为课程目标的来源。当前，社会审美活动可以产出多样的愉悦体验。美育课程的价值影响力可以区分哪种体验属于比较肤浅的"垃圾快乐"，哪种体验属于审美范畴。

第三，学科专家的意见。这是课程目标中最为常见的来源。课程的研究、教材的编写制定甚至是课程的实施全部由学科专家进行，整个课程贯穿他们在学术上的立场与观点。学科专家对于课程目标的制定具有专门化与专业性的特征，在一定程度上，这些特征可对目标制定的有效性提供有力的依据，

---

① 曹俊军. 课程与教学论 [M]. 西安：西安交通大学出版社，2018: 247.

保证比较充分地去认识特定课程中的所具备的特定功能以及其溢出的功用。例如，在个人生活的领域中，科学课程中的功能可以正确指导人际关系、引导人们养成健康的生活习惯；在专业领域中，它可以对人的严谨态度、想象力、思维能力进行锻炼。不同的学科专家以不同的专业角度或者综合角度对美育的目标与功能进行分析，充分地研究高校的美育课程，阐明了实现目标的意见。例如，审美扩展目标、能力目标、价值目标以及其下位概念更为详细的课程目标，其成果都是在专家研究的根基上取得的。换句话说，学科专家对本专业育人功能的认识与把握和其专业领域的研究成果为课程目标的制定提供了重要的来源与基础。

（二）基本原则：系统化、适应性和层次化

从专家意见、社会立美发展与大学生需要中可以收获的课程目标数量颇多，但是不可以全盘纳入课程计划，只有充分且必要的功能才可以被收录进课程目标体系中。高校美育的功能规定了智育、体育与德育等在各个方面的任务，并以课程目标的基本标准为原则对课程目标进行整理。

第一，系统化的原则。在整个目标体系中，课程目标的横向或者纵向联系的组织关系就是系统化。系统化有利于保持课程目标的设计与其他课程设计环节的平衡。审美能力的各个要素如创造、感知等是美育课程目标致力追求的。另外，更高水平的人文素养归入美育课程的范围，促使大学生积极完成美育的目标，促进德智体美劳等课程目标的融合发展。

第二，适应性原则。课程目标的制定是为大学生更好地学习本课程，其制定要考虑到大学生学习经验各不相同的问题，既不能过高也不可以过低，不可以脱离大学生已经积累的经验基础，要积极拓展大学生的最近发展区。目前，高校美育课程与体育、德育和智育课程的实施相比存在很大差异，其是在大学生缺失一定的美育基础上进行的，不仅缺失美育，而且其艺术教育经验也存在不足。例如，在基础的教育中，学生的美术、音乐课程培训较少。所以，必须对学生的美育基础进行充分的了解与把握，制定符合学生发展的课程目标，对于大学生缺少的审美经验进行补足，并以此为发展基础，促进大学生审美创造能力的提高。

第三，层次化原则。以一定的结构表现课程实行结果上下位的概念关系就是层次化。每一层的课程目标包括低层次的行为结果和操作方式。以布鲁

姆关于教育目标的分类理论为依据，对教育的目标进行合理的划分，即包括情感、认知和动作技能三个层面。情感是反应、价值评估、接受、注意、价值、组织的内化；认知是知识、分析、领会、应用、综合、评价；动作技能是知觉、外显反应、机制、指导反应、适应、创作、定势。该目标的分类体系即"教育的—逻辑的—心理的"。① 以层次为依据划分审美教育的特点，认知位于第一位，然后是情感和行为。审美和美的规律是研究具体层次操作目标的依据。

（三）补偿与发展递进式课程目标体系建构

高校美育课程的目标应体现出补偿和发展的递进式结构关系。在制定发展性课程目标的过程中，美育坚持以完成补偿性目标为根基，提高学生的审美能力，即学生对日常生活中美的表现能力、创造能力、赏鉴和感知能力。2020年，中共中央办公厅、国务院办公厅联合印发《关于全面加强和改进新时代学校美育工作的意见》（以下简称《意见》）。《意见》明确表示把提高学生审美和人文素养及审美培育作为目标，以美育人、以美化人、以美培元，把美育纳入各级各类学校人才培养全过程。有学者提出大学美育有四个课程目标：一是引导大学生树立健康、高尚的审美理想，培育审美情趣；二是引导大学生树立健康、正确的审美观；三是促进大学生提高对美的事物的鉴赏力、感受力与创造力；四是引导大学生积极陶冶情操，促进其人格发展，提高自我美育的自觉性。② 从大美育的观点阐述来看，高校美育课程目标划分为分层目标与总目标。分类目标会对各种能力要求进行更加具体的阐述。例如，在审美表现能力的要求上，提出了三个具体的要求，即自我美化的技能、美化周围环境的各种技能与具备2～3项优秀的艺术表现技能；总目标是提升大学生的审美创造、审美表现、审美欣赏能力，引导其人格品质和行为，促进智力的发展，加强其体质，使其身心健康全面的发展。③ 又如，高校美育课程目标分为具体目标与终极目标。前者包括同时目标与主要目标两部分。同时目标是指美育课程促进大学生德智体等方面的发展；主要目标是指促进大学生审美创造、提高审美表现、发展审美能力与塑造审美意识。后者是培

---

① 张廷凯. 新课程设计的变革 [M]. 北京：人民教育出版社，2003: 52.

② 孙思懿. 新时代大学美育课程建设初探 [J]. 启迪，2021(12): 74-75.

③ 赵伶俐，温忠义. 互联网＋大美育课程论 [M]. 北京：北京师范大学出版社，2016: 47.

育大学生身心健康发展，塑造完美人性。① 这些对于美育课程目标的研究具有很大的借鉴意义，在某种的程度上涵盖了发展性与补偿性课程目标。

完美的审美能力以高等教育的性质为根基，不但具备理性的审美知识，还具备感性的审美情绪。所以，从补偿性美育课程的方面看，高校美育课程目标以中小学美育课程目标为根基，但两者之间又存在一些不同；从发展性美育课程的方面看，专业学习或者跨学科、跨专业学习都应该成为高校美育课程目标制定的基本，培养学生学会审美生活，促使其具备审美的学科迁移能力。从中小学美育学科的组成结构的层面看，其主要科目是美术、音乐与综合艺术三门，强调学习艺术技能知识，而现有的高校美育设置的相关课程更加侧重培养学生从美学的角度去鉴赏、学习经典的艺术作品，如美术、影视、音乐等。从这一方面看，高校美育的发展性美育课程目标的制定需要从技能、专业知识等认识开始。同理，补偿性课程目标的制定需要从审美基础的相关知识开始。课程目标划分为三大类，即认知、情感与动作技能，以此为根基为高校美育课程设计补偿性目标。认知目标是大学生通过学习相关课程，对美育基础知识的认识与掌握；情感目标是大学生在课程学习中学会感知其传达的审美价值观、审美态度与审美需要；动作技能领域则比较侧重培育大学生的创造力、表现力与审美感知力等审美行为能力。另外，在大学生劳动教育、德育与体育等方面，高校美育也发挥出积极的作用，可以称之为美育课程的同时目标。总之，高校应将高校美育的发展性课程目标、补偿性发展目标与同时目标进行整合，努力构建面向全体大学生的系统全面的美育课程目标。

二、课程内容及组织结构设计

设计高校美育课程必须落实在其内容的设计上。2011 年，在我国发布的全新的《学位授予和人才培养学科目录》中，艺术学成为第十三个学科门类，其从文学中独立出来，成为全新的学科。美育是从简单到复杂、低级到高级的教育过程。高等教育中的美育就是缺少基础教育的美育，是相对于基础教育而言的。如果想要完成高校美育课程的目标，那么就需要将其定位为发展与补偿的两个阶梯式的课程，以最大限度上地促进美育的发展。

---

① 冉祥华. 大学美育课程的设计与操作 [J]. 黑龙江高教研究，2008(9): 177-179.

（一）筛选标准：知识价值论、高深起点论和身心体验论

课程设计的核心内容就是对于课程内容的选择。学界把影响课程内容选择的相关因素总结为三个方面：知识本身的发展与对知识的看法、社会的发展及学生发展的需求。在党和国家非常重视美育发展的情况下，加之对大学生美育课程的需求程度和其基本的审美素养的调查结果，表明了高校美育课程内容的选择需要以对美育知识的学习与规划为基础。

首先，高校美育课程内容的相关知识蕴含着育人价值。历史中很多教育家与哲学家对美育知识及其蕴含的价值表达了自己的观点，其中最具有代表性的观点就是斯宾塞的知识价值论。斯宾塞认为，在众多知识中，科学最具备价值，对科学知识的学习就是进行活动的最优准备。[①] 这个科学的定义，包含了经济性、政治学、心理学、社会学及其他的实用技能等。高校美育课程强调学生的人文素养与审美素养两方面，以促进个体心理活动与生理活动的发展，警惕不要被当前的功利性教育同化，要以学生整个人生的健康发展为目标。高校美育课程的相关知识必须以科学为根本，把对人的发展影响以及对美与美的事物的认识归入一般性的科学规律，以审美的相关实用技能为依托，要求学生需要掌握1～2项艺术技能，具备一定的关于审美实践的经验。在课程实施过程中，实践审美操作与主管审美认识两个方面要相互配合、相互补充。现代心理学知识由程序性知识与陈述性知识两大类组成。前者更加强调程序与技能，通过不断的练习某种程序和规则达成某项任务的技能，且该技能分为动作技能与智慧技能两种。后者指言语信息方面的知识，对"是什么"的问题进行解答。高校美育课程的知识也可以划分为陈述性知识与程序性知识两大类，前者指大学生对于美的不同方面的认识，为大学生的身心技能的培育提供基础。把陈述性知识与程序性知识两种知识组合起来，可以构成高校美育课程的相关知识选择的依据，是完成美育目标不可替代的存在。

其次，高深知识是高校美育课程的重点。在什么才是高等教育的问题讨论中，布鲁贝克认为高等教育就是教授高深的知识。关于高深知识的定义存在多种说法，但从教育的层面去认识理解，高深知识就是大学生在学习过程中获得的可以广泛应用并具有一定高端性的知识，如规律、概念等原理性知识。以专业为根本教学单位是大学教育教学的又一重要特征。专业包括了某

---

① 斯宾塞. 斯宾塞教育论著选 [M]. 胡毅，王承绪，译. 北京：人民教育出版社，1997：43.

一领域的课程知识，并将其依据内在逻辑分门别类地进行排列。从陈述性知识转变为程序性知识的过程实际上就是专业实践过程。所以，美育并不是开展几场艺术活动、开展几节艺术鉴赏课程就可以达到标准的。高校美育要把美育领域的高深知识点作为起始阶段，依据育人逻辑组织科学合理的知识经验，使其与大学生的逻辑与认知模式相符合。美学是以研究美感、美及艺术美为目的的科学，而艺术是学以研究艺术为主要内容的学问。美学侧重于对美的本质的研究，在所有美的事物中归纳、挖掘出其共同特征，这种共同的特征就是美的规律，如一般原理、概念等。在评定不同事物的美丑时可以美的规律为评价标准，在这个过程中，美的规律就是审美知识中的高深知识。审美性是艺术中的一个根本特征，不管是什么形式的艺术，其中一定蕴含着人改造创新的"美"与劳动的意义。因此，如果艺术教育被归纳进美育范畴，那么必须有一个必要的前提条件，即艺术教育具备审美意义的目标。同理，大学专业的相关课程也需要具备审美意义的目标才可以被归纳进美育范畴。

再次，美育课程中的基本准则就是审美过程中的身心体验。身心体验是指生理与心理在外部刺激下产生的主观感受，美感体验是指人类的感觉器官受外部事物的影响而产生的心理与生理上的奇妙愉悦的情感感受。实现美育的功能需要美育材料去发挥作用使人产生相关的身心体验，且生理与心理上的愉悦并不是同步的。例如，美感属于积极情绪，但因为其具备非愉悦的一面，所以积极情绪又存在不同。换句话说，大脑对外部信息的反应判断形成了人的身心体验，在此基础上，大脑建设了一个意象的世界，这些意象可以被大脑认识、改造与加工，对个体的价值观、情感与思想产生深刻的影响，个体在判断类似事物时也会受到其影响。大学生具备比较发达的感知知觉能力与理性思维能力，在面对复杂的审美对象时，不同感觉器官具有足够的通感能力产生审美身心的体验。因此，高校美育课程一定要具有引起学生身心体验能力的内容，利用审美创造、鉴赏、表现实现美育的相关功能。更详细地说，这个过程首先需要艺术来完成，然后需要进一步发现专业的美、体验专业的美，从而促进大学生的审美创造，提高其创新积极性。

（二）主要内容：美学知识、艺术知识、专业审美与跨界审美知识

对美的理解和认识是审美教育过程中对学生美感培养的根基，"如果没有最低限度的理解或识别，就不能有情感的存在"①。补偿中指对学生已有的错误的美育经验或者缺失的基础教育进行补偿，主要包括艺术技能和知识；发展是指以目前学生接受的美育情况为参考依据，培育学生学习基于美的基础知识的相关的美育经验，主要包括审美的基本规律、在审美创造和赏鉴中的应用、美学的基础知识。从专家研究角度看，在高校美育的课程中对艺术鉴赏与美育基础理论的教学已经达成共识：艺术鉴赏是在舞蹈、影视、音乐、建筑、绘画等不同的艺术形式中运用美育基础理论进行鉴赏与评论；美育基础理论的教学是指对于美学基础知识的教学。同时，美育课程也不可以脱离大学生专业课程而独立存在，它需要从相关专业知识中把审美的相关材料提取出来，建设专业的审美板块，积累跨界、跨学科的审美教育经验。高校美育课程内容主要包括以下四个方面。

第一，美学相关知识。蔡元培提倡，美育老师应该以陶冶学生情操为教学目的，利用美学相关理论去培育学生。② 这表明了美学对于美育的重要性。"因为只有站在美学的维度上，作为美学与教育学、心理学、伦理学、脑科学等的交叉学科的美育，才能获得学科的基本规定性，确立学科的基本性质。"③ 美学作为哲学的二级学科，美本身就是哲学问题。美育中的美学是哲学作为实践指导的存在，哲学意义上的美学问题是"美的本质是什么""什么是美"，而美育中的美学更加重视审美功能，强调美的存在领域、美的定义、美的种类等。哲学意义中的美学为美育建设了一个审美的乌托邦王国，培养高尚的审美人格，提高审美情趣，并在此基础上呼唤人类生命自由与维护人类的审美权利。美育的首要任务是引导学生树立正确的审美标准。所以，补偿性的高校美育课程必须要添加有关美学的基础知识，这表现在两个方面，一是指导大学生审美实践，帮助其学习哲理性的判断标准；二是增加大学的审美常识，利用美学原理、规律、概念等在更为理性的层面上为他们的感性认识提供总结或者指引。

第二，艺术知识。美育的主要阵地是艺术教育，《意见》认为，在普通高

① 苏格拉底，卢梭，海德格尔，等．智慧简史 对世界奥秘的终极探索 [M]．北京：中国言实出版社，2008：260．

② 蔡元培．蔡元培美学文选 [M]．北京：北京大学出版社，1983：65．

③ 席格．当代美学转型与美育的理论困境——兼论美学与美育的关系 [J]．郑州大学学报（哲学社会科学版），2011，44（2）：96-100．

校的美育课程中要把艺术鉴赏课程放在首要位置上，设立艺术批评类、艺术史论类、艺术实践类等方面的选修课程，学生可以任意选择。在普通高中与义务教育各科的课程标准相关文件中，艺术课程、美术课程、音乐课程是美育实施的主要途径。美术与音乐在高校美育中扮演着重要角色，是学校美育各个不同阶段的非常重要的构成部分，还是艺术教育中最为普遍的形式。但是，目前的艺术教育存在两个突出问题：一是艺术教育过于鉴赏化；二是艺术教育过于技法化。前者表现在审美教育的教学过程中，特别是非艺术专业的学生的艺术教育，其主要方式为艺术鉴赏，大部分的艺术教育与美育专家都支持这个观点，然而这种过度强调艺术鉴赏的美育是不成功的。大部分学生并不具备相关的艺术技能或者艺术教育的经验，在这样的情况下进行的艺术鉴赏就不会与学生的审美情感产生共鸣。后者是中小学艺术教育的倾斜性发展，把唱、跳、画等艺术技能作为评价的内容，曲解了审美教育的根本性目的。艺术方面的相关知识是个人人文修养和审美素质的主要构成部分，对音乐、美术作品的赏鉴和感知能力会影响学生的生活与学习。所以，高校美育必须包括传授艺术知识的相关课程，高校美育要以学生的美育需求和经验作为参考，理解艺术教育和审美教育之间的辩证关系，选择科学合理的艺术知识。首先是艺术的基础知识。对大学生来讲，艺术知识包括但不限于艺术学，如不同类型的艺术表达要素，从不同的艺术门类中确立的重要的艺术要素，如美术中的造型、构图、色彩和材质，构成不同艺术的基础知识。认真学习艺术史，至少一种艺术的发展史是大学生必须完成的任务，如简明美术史，学生通过学习可以认识美术的技巧方法和思想的发展历程，从渊远的历史中品味其蕴含的人文精神。其次是艺术鉴赏知识。艺术鉴赏是观众与作者、观众与作品进行的可以跨越时空的研究和交流，是主体进行的审美再创造活动。选取中外经典的艺术作品，利用审美的基本规律进行赏鉴；把艺术作品与其特定的历史时空相融合，深层次的挖掘其创作思想和蕴含的情感，增强学生的精神和情感熏陶。最后是艺术技能。艺术技能能否被选取作为审美教育的内容，这一点仍存在争议。美育不是一项专业技术，但美育不能没有专业技术，引导学生在美育的艺术教育中学习，加强对审美文化与技艺精神的传承发展，而不过于强调学生技法的等级或成绩。针对缺乏艺术技能的学生，其选择学习一门即可，接受过艺术训练的学生可以作为教学助理帮助其他同学学习，也可以任意选择其他艺术技能进行训练。

第三，专业审美方面的知识。专业审美指以美的角度对专业知识进行赏析，用审美的感觉去体会专业之美，这里主要指非艺术专业。专业审美知识在高校美育的实施中至关重要，但高校美育并没有给予重视，这一部分内容严重缺失。有研究结果显示，高校中没有开设过相关审美课程占比近九成。审美和对知识的探索是人类永恒的追求，详细的分工有益于人类的发展，但也导致科学和艺术相互分离，于是艺术在不断追求审美的过程中与规律相离，科学也在不断探索规律的过程中疏远了审美。人们在求知过程中取得越来越多的成绩时，在欣赏自己的成果时就产生了审美体验，专业之美就来源于此。在大学里可以不断发现、产生新的知识，这些知识与其相关领域的知识相互融合构成了一个知识系统，从中世纪大学神、法、医、文四大学科到现如今的专业数量，人类在发展的道路越走越远，其求真水平越来越高。审美与求真分工时间越久，其分化就越深。有学者论述了美与真的关系，如英国博物学家赫胥黎把美与真比作硬币的反正面，当代科学史奠基人萨特把艺术、宗教、科学比喻为三棱锥的三边，越向顶端靠近越能体会出三者之间的统一。高等教育的根本单位是专业，大学生在本科、硕士、博士的就读历程中不断加强对其专业的认识，为专业的美学审视构建基础。物理学的理论、公式、符号、概念是科学的语言，对普通人甚至物理研究者来说理解起来都比较晦涩难懂，但其是无数探究者辛苦探索出来的，蕴含着世界运行的规律，促进了人类社会生活的改变。对教育学、护理学、经济学等非艺术学科的专业学科而言，对其中审美认知的探索是重要且艰难的，高成就、高站位的学科视野才可以概括出其专业之美。

第四，跨界审美方面的知识，界指的是可以约束人的行为和思想的事物，跨界就是超越或者突破阻碍的过程。在横向上，跨界表现为不同组织、学科、专业、文化之间的交叉、跨越、重组与合作，在纵向上表现为一系列环节、阶段的重组和跨越。[①] 在现实世界中，跨界的表现形式是比较详细具体且多样的。当京津冀一起合作应对环境污染时，就是行政区域的跨界；当产业与互联网相互融合时，就是产业形态的跨界；当演员进行音乐表演时，就可以称之为艺术创作的跨界。在这些行为背后是各种要素之间的跨界联结，称之

---

① 吴洁人. 跨界、跨界思维和跨界领导力：跨界领导力研究的时代意义和社会价值[J]. 领导科学，2014(20)：17-20.

为视点。视点的概念极为丰富，它可以是一种技能，也可以是一种方法、一个原理或者一个概念，还可以是结构的支点、注意的中心等。视点是个体在跨界认识事物变化时的重要存在。对现代审美问题的研究与审美现代化的进程相匹配，审美现代化不断突破，审美问题的研究也随之发展，审美领域的相互关联可以利用美学独特的情感法实现，各种不同的艺术组合又共同创造了全新的艺术形式。他们依据艺术存在的规律对艺术的视点进行重组，不管音乐中的和声、旋律、节奏，还是美术中的材料、构图、造型、色彩都是审美视点。在非艺术专业范围中，如物理学的视点是理论、旋律、节奏，物理学的美就是通过这三个层次的视点表现出来的。所以，对于高等教育来说，不同的专业与领域都蕴含着不同的美，最重要的是这些学科之美都蕴含在哪些学科视点之中，这正是跨界之美的关键所在。

更为重要的方面是实现跨界美育，引导大学生用审美的眼光去看待生活、周围的环境、自身的发展，培育学生跨界审美能力，以求达到审美教育的最高水平，即人生的审美。高校美育积极引导学生塑造健康正确的价值观、人生观、世界观。

（三）补偿与发展金字塔式课程内容体系建构

高校美育课程相关内容非常庞大、复杂，需要依据一定的形式与原则组织起来，方便下一步实体课程的形成与实施。

第一，课程内容的组织原则。在《课程与教学的基本原理》中，泰勒制定了组织课程内容的三个基本原则，即整合性、顺序性与连续性。整合性是指把个人生活与课程学习两者相互结合，侧重课程经验中的横向关系；顺序性要求更加广泛深入的探讨内容，在已有的经验上积累后继经验；连续性指在反复强调课程中的主要要素时采取直线式的方式。[①] 有学者重新修订了这三大原则，即整合性、连续性、系统性，三原则分别表示着课程内容之间横向、纵向与综合的关系。[②]

高等教育的一项重要目标是对学生的理性思维的培育，与高校审美教育

---

① 拉尔夫·泰勒. 课程与教学的基本原理 [M]. 施良方，译. 北京：人民教育出版社，1994
76-78.

② 王新心，王金斌，李秀芹. 对于课程设计的几点思考 [J]. 铜陵职业技术学院学报，2020，
19（3）：77-80.

相比，其目标更加强调感性情操的培育。但由于学生缺少基础教育阶段的美育，因此这种高校审美教育的目标的实现具有一定难度，这两者之间似乎存在着一些矛盾。实则不然，高校美育的发展必须坚持以补偿为价值导向，美育课程内容可以整合性、连续性为基本原则。整合性原则指把学生已有的学习经验与课程内容相联系，强调对课程内容进行横向组织。首先，高校美育课程把美育实践与相关知识进行组织整合，也可以把艺术学与美学的相关知识进行组织整合，使其构成一个可以进行实践的课程或者课程模块。依据艺术学与美学之间存在的差异，组织整合艺术学的基础知识、艺术的审美实践、美学的基础知识、专业审美实践；以美育实践与美育知识之间存在的差异为参考依据，组织整合艺术基础知识、专业审美实践、艺术技能、美学基础知识。其次，学生的学习内容主要是概念。美育课程的概念包括了艺术学、专业、美育这三大领域，概念的整合是非常重要的部分。组织课程内容就是把这些知识进行整理、联通，如把美学中的知识组织整合为专业审美的概念。连续性是指在审美教育的阶段目标中关于美育内容进行的多重陈述。首先，依据复杂程度排列课程基本内容。审美教育课程的知识选择应该以基础知识为开端，然后用稍难的专业审美与艺术技能技术为过渡，最后强调大学美育的终极目标，也是美育的终极目标，即促进学生审美跨界形成审美人生及审美生活。其次，美育课程知识的层次依据理性到感性的顺序进行排列，大学美育以理论为起点，补偿性的高校美育则缺失了相关的美育经验，专业审美与技能训练提供了相应的审美经验，补偿了感性审美，最后使学生运用跨界审美对感性经验进行升华，收获理性的人生经验。最后，高校的美育课程在一般情况下并不丰富，大部分仅仅以一门艺术鉴赏或审美原理进行美育，这极易导致美育的残缺，连续性原则可以有效解决这类问题，促进美育的完整实施。

第三，课程内容的组织方式。课程内容的组织原则确定后，应该考虑使用何种方式实施相关的课程设计活动以促进学生对知识之间联系的认识与理解，加强其对于课程基本结构的把握。学者对美育课程内容的组织方式进行了诸多探索，如点线面体课程结构，点是最具概括性和最典型的审美知识要素；线是点的延伸轨迹或点连接构成的知识单轨，反映知识由低到高、由浅入深、由近及远的关系；面是相同教育阶段相同学科知识之间存在的关系；体是各个学科存在相同属性的多点、多线条、多面之间按一定顺序形成且具有复杂特点的集合。① 高校美育课程内容的组织可以借鉴这种组织方式的内在逻辑。在这种基础上，高校美育还可以采取两种方式。第一种为话题式课程。话题式课程以一个主体的架构知识为中点展开，形成不同内容的整合体。即使在嵌入式的课程基础上，每嵌入的模块仍然存在丰富的学科知识，高校审美教育的课程完成全面的教学任务存在一定难度，所以课程设计的过程需要参考一些典型的案例，组织课程内容可以选择话题形式，这种形式可以最大限度保持知识之间的联系，使审美活动或者美育知识构成一个富有意义的整体，对学生不同的需要最大限度地满足。第二种为嵌入式课程。嵌入式是一个专业术语，它可以嵌入模块且不损伤其功能，即以计算机为前提，以应用为核心，具备可裁剪的硬件、软件的专业计算机系统，其可以在整个系统中运行，也可以独立操作完成任务。高校审美课程覆盖了多个学科，其内容庞大且复杂。比如，学习艺术知识、训练艺术技能，其学习载体只涉及一类艺术，面对这种情况，嵌入式结构可以发挥作用，把学习过程嵌入跨界审美知识和艺术与美的基础知识之中

综上所述，艺术与美的基础知识是美育课程内容的根基，以艺术训练为补偿性美育，以专业审美为发展性美育，以此实现跨界审美，促使学生形成审美人生。通常而言，感性是审美的开始，因此高校美育以基础教育中美育的感性经验为根基。基于学生缺乏这种体验，加之高等教育所具备的规定性，高校美育应该将感性经验设立在理性理解之上，以审美的相关知识指导审美的具体实践，承担起补偿学生美育的责任。

三、课程评价设计

课程评价是课程设计过程中的重要部分，它可以检验课程设计的合理性与实施效果，是针对学生发展程度、课程教学质量等多种因素的评价，应主动反思课程目标、评价方式和内容，加大对学生发展评价的关注。2015 年，教育部颁发《中小学生艺术素质测评办法》，指出学生艺术素质测评指标体系由基础指标、学业指标、发展指标。建设艺术素质测评线上系统，给予审美教育评测相关的技术和政策支持。但美育评价就像一条鸿沟自始至终都横亘在现实与美育理想之间，其中以课程评价的相关问题最为突出，需要改进高

---

① 赵伶俐，温忠义.互联网＋大美育课程论[M].北京：北京师范大学出版社，2016：61.

校美育的课程评价体系。以培养方案为根本依据，改变审美教育课程的评测观念，颁布符合高等教育过程的评测算法和标准的政策，建设具有特色的审美教育课程评测体系。

（一）评价理念：多元主体、典型内容和趣味方式

长期以来，基础教育阶段的课程评测存在一些问题，一直被诟病成"应试教育"，审美教育也面临着这种情况。一方面，在应试教育的实行过程中审美教育的课程被缩减，在中小学生升学的过程中美育产生的影响不大。另一方面，目前许多地区开始把基础教育阶段的美育归纳进升学考试科目，分数的高低成为了衡量美育课程实施质量的标尺，中小学美育课程的主体是艺术教育，但其也不可避免地出现了应试教育的问题。另外，高校审美教育也出现相同的问题，即不断被师生科研要求取代。

审美素质是学生必备的优秀品质，对高校审美教育课程的评价应以此为依据，对其根本理念进行更新和改进。其一，多元的评价主体。目前高校美育的相关课程面向全体学生开设，这就要求聘请不同的学科专家，扩充师资力量，需要多方主体共同加入课程评价的过程中，而不能由讲课老师独自决断。教师作为评价的主体，以教师经验与专业知识为保障掌控住整体评价的实施过程，并积极关注学生接受美育课程之后的各方面发展状态，这要求不同学科的教师相互合作，合理运用覆盖多种知识的美育课程评价系统。学生作为评价的另一主体，要勇于进行自我评价、反思与欣赏他人，这有助于提高自身的交流能力与思维能力，激发学习动力，学会认识自己。其二，以典型内容为代表进行评价。补偿性的高校美育内容包括艺术学、美学两个领域，更加强调专业审美能力与艺术技能，不再以单一通道的艺术鉴赏作为评价内容。为保证评价在美育的实践中可以发挥正向的反馈作用，要坚持全面评价课程内容教育的效果。但全面评价并不是对全部课程内容进行考察，而是分阶段、分层次的对多维度典型的综合知识进行测评。全面评价有益于增加师生对审美素质全面发展的关注，避免出现应付教育或者应试教育的问题。其三，采用具有趣味性的评价方式。虽然高校美育具有非常明确的教育目的与课程目标，但是对其评价却不能只采用一刀切、程序化或者较单一的评价手段，美育课程评价必须包括理性知识的掌握与感性情感的熏陶两方面。其课程评价方式可以是创作活动，可以是展示活动，还可以是游戏活动，学生可

以在相对比较轻松快乐的环境中参与课程考核，提高课程效果。

（二）评价参照：预定课程目标、学生发展程度和自我认可

课程评价参照是课程评价体系中一个非常重要的组成部分，对课程教授效果的评价具有三个方面的参照，即学生自我评价、预定的课程目标、学生的发展程度。这也促进形成了课程评价的主体取向、目标取向、过程取向。

其一，目标模式把课程目标视为把课程计划或者教育结果与预定课程目标相互对比的过程。课程效益直接通过课程预设目标与学生发展程度的对比表现出来。大学自身的定位与国家教育目的表明专业培养方案是人才培养所应遵循的。专业培养方案指高等教育依据不同专业不同层次的培养对象与目标制定的具体方案与计划，是专业的培养计划①，其对高等教育不同专业的培养目标、学制学位、专业信息、毕业要求、课程教学等重要内容做出具体的要求，它解答了该专业培养何种技能人才、如何培养与培养效果的评价等相关问题。专业培养方案中对美育课程预设总目标进行规定，相关的美育课程以此为基础继续具体化、分化。

其二，现代课程的评价不能被达成目标和预设目标之间的对比所限制，应发展过程取向的评价，即发展指向的评价理念。学生对美的体验、感知与创造能力的水平决定着学生审美素养的发展水平，审美素质的高低不在于学生对知识问题解答的多与少，其测量过程是非常复杂的，应该去除"60分及格"的学习观念。审美的生活态度与审美素质的发展具有隐藏性，美育课程评价应该取缔关于成绩及格的相关规定，而应采用学生之间互相评价、试卷问答、自评与参加活动等多种方式对学生的发展过程进行记录，形成学生各个时间段的发展状态对比。这对评价方法的便捷性提出了要求。例如，艺术测评能对某一要素进行实验，如旋律快乐价值实验、色彩快乐价值实验等，也可以直接使用不同的评测量表对学生潜在的艺术能力进行评估，如克瑙伯的美术测验、西肖尔的音乐才能测验。也有部分学者运用美感程度公式进行

---

① 朱九思，姚启和 . 高等教育辞典 [M]. 武汉：湖北教育出版社，1993：54.

评估，以学生美感唤醒程度表达学生审美素质的发展程度。[①] 这种评价公式比较简单，为高校美育课程实行效果的评测提供借鉴。

其三，评价对象、评价者等评价主体对评价行为的认可在评价整体进程中占有重要位置。"审美认知的逻辑更是一种极端的、现代多值逻辑的代表"[②]，审美活动自身具有非常明显的个性化特点，美育课程评价在对学生审美能力进行评测时并没有一个确定的标准，应更加强调反映学生审美对象的状态，即分散或集中。所以，美育课程的评价要求评价主体积极参与，把教师与学生全部归入评价系统中，强调学生和教师在评价过程中的协作沟通，增加学生对评价结论的认同度，并以评价结论为参考依据，积极提升自己的审美素养水平。

评价不是美育课程评价的最终目的，而是为美育教学的发展提供新动力。提出发展性与补偿性美育课程是为了补偿学生缺失的审美经验，并在此基础上发展学生的审美素养。这种美育课程评价强调学生审美素养的发展过程，也强调学生审美素养能否达到学校、专业与国家培养方案的目标，提高学生对评价的认同感。

（三）补偿与发展融合式课程评价体系建构

两个或两个以上的互通互联的事物进行有机结合的过程就是融合，发展性和补偿性美育课程都归属于美育课程，两者是富有变化的课程样态，而不是分裂的两个层面。融合式评价把两种课程放置在一个评价体系中，既可以提高发展性与补偿性课程的统一性，也可以将两者进行对比，预防两种课程相互脱节，有利于对美育课程的实行效果进行评价与反馈。

1. 课程评价维度

美育课程评价的维度包括是师生的表现状态、学生的发展程度与课程安排的合理程度。其中，评判课程是否合理需要设置课程评价维度，主要划分为三个二级维度，即符合实际可操作性、符合学生的实际需求、符合培养方

---

① 赵伶俐. 以目标与课程为支点的美育质量测评——为了有效实施《国务院办公厅关于全面加强和改进学校美育工作的意见》[J]. 华东师范大学学报（教育科学版），2017, 35（5）: 87–99, 161.

② 赵伶俐. 多值逻辑与审美逻辑——论审美认知的逻辑基础 [J]. 西南大学学报（社会科学版），2003(2): 22–27.

案的要求。师生进行教学活动时所表现的状态就是师生表现状态维度，主要划分为教师的基本素养与学生的学习态度两个维度。课程设计最为重要的目标就是学生的发展，增强学生人文素养与审美素养是美育的重要任务，引导学生全面发展。学生的发展程度评价主要评价美育课程对学生素质发展发挥的积极作用。依据高校美育的课程目标，把大学生基本的审美素质划分为四个二级维度，即审美创造力、审美表现能力、审美感知力与审美认知能力。高校美育课程提倡实践和理论、感性和理性并行的设计理念，课程评价也依据这个设计理念进行。表 6-1 展示了各维度所占权重，待具体实行时根据实际情况进行修正。

表6-1

评价维度			得分方式	权重（参考）	备注
一级	二级	三级			
课程合理程度	符合培养方案要求	符合知识能力标准 符合过程方法标准 符合情感态度标准	专家评价得分 专家评价得分 专家评价得分	20%	可由课程管理者自行安排各项得分比例，最终形成百分制总分
	符合学生实际需要	适合学生身心发展水平 适合学生审美实际需要	学生、专家共评得分 学生、专家共评得分		
	课程具备可操作性	目标明确 过程清晰	学生、专家共评得分 学生、专家共评得分		

续 表

评价维度			得分方式	权重 （参考）	备注
一级	二级	三级			
学生发展程度	审美认知能力	美的基本知识 艺术基本知识	抽题问答得分 抽题问答得分	50%	由授课教师主持评价规程，灵活选择测试题型、题量、难易程度及给分方式等要素，然后换算为课程目标达成度，形成学生发展程度总分
	审美感知能力	艺术鉴赏 专业赏析	作品赏析作业得分 课程论文得分		
	审美表现能力	艺术技能 艺术表达	学生互评与自评得分 学生互评与自评得分		
	审美创造能力	艺术创新 审美生活	学生互评与自评得分 学生互评与自评得分		
师生表现状态	学生学习态度	主动参与 小组协作 课后实践	师生共评得分 师生共评得分 师生共评得分	20%	师生自行安排各项比例，最终形成百分制总分
	教师基本素养	积极与学生互动 专业基础知识扎实 教学技能掌握熟练 语言标准规范 体态服饰适宜	学生评价得分 学生评价得分 学生评价得分 学生评价得分 学生评价得分	10%	可由课程管理者自行安排各项得分比例，最终形成百分制总分

2. 课程目标达成度

课程目标完成度是一项非常重要的指标，它以学生发展程度为标准，对相关课程的实行效果进行衡量，其侧重于培养目标与学生取得成绩的一致性。需要制定相应的公式对其进行计算，这就需要以课程评价的根本衡量指数与美育课程的相关目标为依据，然后由专家或者教师对优良效果等级与具体详细的等级进行划分，注重学生发展的评价，避免陷入知识记诵或技术展示评价中。当目标的达成度大幅度降低时，可以向课程的实施者、设计者与管理者反馈，促使其积极对课程进行整改。这不管对课程内容的制定、对课程设计过程的调整，还是对接受该课程教学的学生的发展程度的评价都具有重要作用。

第四节 高校美育课程保障体系

党与国家不断增强对学校美育的支持力度，使其成为高级人才培养中非常重要的一部分。高校美育课程的设计过程是非常复杂的，关系到不同专业、不同部门的师资、职能人员与学生之间的联系。根据目前经济社会条件中的大学情况与大学发展本身具有的规律性，高校美育课程建设需要现代技术、师资队伍与学校制度的大力支持。

一、高校美育课程的制度保障

《关于全面加强和改进新时代学校美育工作的意见》表明，要积极研究学校美育工作的相关制度，要大力建设美育制度，这要求美育实践发展必须有明确的制度作为根基，落实高校美育课程，促进学生发展。在我国高等教育的体制中，美育并没有得到足够的重视，即使国家提倡促进学生德智体美劳全面发展，但"外冷内热"的问题仍然存在，其主要原因是没有强大坚实的制度作为保障。学校制度保障了整个学校的运行，从各级各类的管理制度、大学章程到专业的培育方案，对学校运行的各个部分起着重要作用。美育课程工作从课程设计、编制、实施、评价等全部过程，都需要强制性与规范性的管理制度给以支撑。

（一）加强美育工作领导，制定相关工作规范

中华人民共和国成立以来，高校美育的发展受到管理制度与教育政策的影响，表现出极其明显的非连续性，没有相关制度作为保障，高校美育的建设速度缓慢，其建设水平不能满足学生的需求。另一方面，实用主义知识论发展迅速，对美育的课程建设带来巨大的冲击，大学对美育知识的关注度远不及对专业知识的关注度，优先考虑学生的就业问题。这就要求高校必须全面落实美育工作，加强管理与领导，运用制度、政策等手段解决美育发展面临的问题。

第一，设立专门负责学校美育课程管理工作的美育领导小组。该领导小组由学校领导引导各职能部门的负责人与二级培养单位负责，主要由其师生代表组成。学校各级各类的部门加强合作共同建设与设计美育课程，这个过程需要各部门共同合作，学校的党委部门，如宣传部、组织部，主要负责学校思想意识形态工作，需要把党的教育方针与美育思想相结合，加强对美育的宣传工作；研究生院主管研究生的教育工作，需要制订研究生培养计划；学校教务处主管本科生教务工作，需要制定本科培养学分的相关要求；学校财务主管相关的财务工作，需要为各培养单位的美育课程提供经费帮助；学校科研处负责科学研究工作，需要与各二级培养单位相互配合，大力支持美育课程与美育研究等开发项目。

第二，设计美育工作的方案时要以学校的发展特色与发展定位为依据。《关于全面加强和改进新时代学校美育工作的意见》出台之后，各省市自治区积极根据各地区特色提出实施建议。例如《新疆维吾尔自治区关于全面加强和改进学校美育工作的实施意见》、江苏省人民政府办公厅印发的《关于全面加强和改进新时代学校美育工作的实施意见》等，直接对各个地区高校审美教育的相关课程进行规划。一部分高校对审美教育的发展和革新工作制定了比较详细的规则，为课程建设提供保障，学校美育的工作计划直接对美育的发展做出规划，基本确定了美育课程体系的架构，有力保障了学校美育课程的设计。

第三，制定美育拨款的专项制度，为美育的实践与研究提供经费支持，加强美育主管机构的自主权，美育专门的经费管理需要把科研基金、美育教师的课时费等统一纳进其管理范围，这是保障美育课程顺利开展的根基。

（二）修订专业培养方案，增加美育育人要素

培养方案是高等学校专业人才培育的蓝本，是大学专业的培育规划，以各个专业和层次的培养对象与培养目标为依据制定的具体的方案计划。[1] 专业培养方案对本专业人才培养的模式与目标、考核标准、毕业要求与课程设计等方面做出了具体要求和计划。专业培养方案制定的相关要求可以提升学生参加美育课程的积极性，对学校美育的课程建设具有重要的作用。

首先，培养目标是专业培养方案制定时应该侧重的部分。从某校非艺术专业培养的方案看，培育符合专业要求的人才是培养目标的主要内容，但其没有特别重视对学生的基本能力与知识的发展要求。培育目标要强调对学生审美意识与审美能力的培育。其次，专业培养方案中毕业要求这一部分也应该修订。毕业学生必须具有相应的知识能力，以此为基础制定的相关具体要求就是毕业要求，这关系到学业期限内学分、学时、课程设置等重要因素。修订毕业指标时应加强对毕业的美育指标的修订，以增加审美修养指标为例，比如可以增加以下两个指标：可以使用审美的相关技能与知识，增加对专业领域的审美理解，并在实际操作中进行应用；具备丰富的审美知识，在社会实践与日常生活中具有高水平的审美意识。最后，专业培养方案的修订应更加注意课程设置这一方面。课程设置包括了学分学时分配表、指导性修习计划、课程表等主要信息。培养大学生审美素质不是一门课程所能完成的，要缩减相关的专业审美课程，把美育与专业教学相融合，增加美育课程占比。

（三）完善美育学分制度，优化美育学分转换

学分是指每门课程需要完成的课时计量单位，通常需要完成一个学期内规定课堂学习时间并达到规定的质量要求。可以认为，学分是督促大学生学习的压舱石。在培养方案中，大多已经对学分要求做出规定，但始终局限于两个学分的通识选修课程。美育学分应该包括广泛的审美实践活动，将学生参与的校内外各级各类活动认证为相应的学分，事实上，《关于全面加强和改进新时代学校美育工作的意见》指出：美育实践活动是学校美育课程的重要组成部分。美育课程不仅包括美和审美知识，还包括各种各样的审美实践活

① 朱九思，姚启和．高等教育辞典 [M]．武汉：湖北教育出版社，1993：54

动。因此，美育学分制度还要完善包括实践课程、课外活动、校园文化活动在内的学分认定办法，将大学生参与学生社团、参与校院举办的各类艺术活动分配指导老师，并加以考核给予相应的成绩和学分，将学生参与的由学校宣传部、学工部或各二级学院组织的美与学术讲座、汇报展演和文化沙龙活动，经学校教务部门审核认定为相应的成绩和学分，将学生参与的社区乡村文化审美与艺术活动、学习民间优秀传统技艺活动、参观美术展览并做汇报展演等考核表现，给予相应的成绩和学分。其中，关键之处有两点：一是如何争取美育学分，而不局限于两个通识性选修学分，或采取分化的方式，将两个学分继续细分到各种形式的美育课程中；二是如何获取这些活动的质量标准，即衡量学生是否在活动参与中提高了审美素质，这需要对美育课程的制度规定做进一步探讨。

二、高校美育师资的跨专业跨校联合

学分是计算学生学习量的计量单位。为保障学生学习的积极性，学生在一个学期完成规定的课堂学习时间并达到规定的质量要求就可以获得学分。培养方案中虽包含与学分有关的规定，但具有一定局限性，只规定了两个学分的通识选修课程。美育学分应该通过参加各种审美实践活动获得，学生通过参加校内外各种活动获得相应的学分。《关于全面加强和改进新时代学校美育工作的意见》表示，美育实践活动在学校美育课程中占有重要地位。美育课程包括了美与美的知识、各种实践活动。所以，在校园文化活动、课外活动、实践课程等方面还要继续完善其美育学分制度，大学生参加的各种艺术活动、社团，可以通过考核取得成绩，向指导老师报告获取相应学分，学生参加学工部、二级学院、学校宣传部组织的文化沙龙活动、汇报展演、美与学术讲座等活动通过学校相关部门的审核后获得相应的学分，学生在美术展览、社区乡村文化审美艺术活动、民间传统技艺活动中进行汇报展演，取得优秀成绩后也可获得相应学分。其中有两点需要注意：一是怎样不局限于通过两个通识选修课程去获取美育学分，或者利用分化的方式，把两个学分细分至不同形式的美育课程中；二是怎样制定这些活动的质量标准，需要进一步对相关制度进行探讨，也就是怎样衡量学生在参与活动的过程中是否提高了审美素养。

学校教育者的主体是教师，高校美育教师应该勇于承担起高校美育课程设计、研究与实行的重要责任。与其他课程的教师相比，美育教师需要具备更多的专业技能和知识，其中最重要的是美学知识、艺术知识、教育技能和教育知识，只有这样才可以对美育形成正确的认识，科学合理地对美育进行课程研究。

（一）美育研究中心提供智库服务

审美教育具有跨界的特点，它不仅仅是艺术方面的审美教育，更是社会、科学、自然等方面的审美教育。与其他专业的教授工作室、教研室不同，美育研究需要更多更大的聚集地。很多美学、美育研究中心提供了这样的聚集地，如2001年成立的西南大学美育研究中心、2004年成立的北京大学美学与美育研究中心、2013年成立的四川师范大学美学与美育研究中心等。在《关于全面加强和改进新时代学校美育工作的意见》的领导下，2015年以来，更多的学校创办了美育研究机构。例如首都师范大学独立设置的美育研究中心、清华大学依托美术学院成立美育研究中心等。另外，一部分高校没有成立美育的相关学科，而是参与民间、政府组织的相关美育机构，或与兄弟学校合作创设美育研究或者管理机构，如中国国家画院设立美育研究所、数字艺术研究所等。

审美教育主要包括以下职能：一是在学术方面的沟通交流，通过开展美育研讨会，交流沟通审美教育的实践成果；二是在科学方面的研究，通过平台选择相关课题，加快美育研究的进程；三是课程建设，整合审美教育专家，开发高品质的线上线下课程；四是师资培训，以平台制定的系统的计划为标准对相关教师进行培训。比如，清华大学美育研究中心的工作重点包括五项：一是课程，二是研究审美教育研讨会，三是师资培养计划，四是成立全国中小学美育示范区，五是开展美育网络资源共享平台。美育研究中心是大学教学组织中的一部分，集合了教师教育学院、美术学院、文学院、艺术教育研究中心、音乐学院等学院中具有优秀审美素养的教师，促使他们共同参加审美教育课程的建设过程，对课程的开发实施与学生审美素养评价等方面进行研究讨论，为美育实践中所展现问题的解决提供有力的保障。

（二）资深教授参与美育课程设计

从美育课程的相关要求看，高校美育课程的设计与实行需要独具风格的审美眼光和专业知识，需要不同学科专家进行深入研究与合作，其中艺术学、美学、教育学是美育重要的构成内容。在各个专业教学过程中，怎样选择、组织专业的审美内容系统并将其完整的传授给学生是课程设计工作中存在的最为突出的问题。通常情况下，大学教师在科研活动与日常授课中面临问题时总是独自思考与解决，加上职称评比与科研活动、授课相关联，即便是同一个专业的教师之间也存在巨大的竞争关系，这是美育课程的建设工作面临巨大困难的主要原因。

由此，积极鼓励、组织学校中不同学科资深教授参与美育课程的研究以及与相关研究机构相互合作是推进美育相关工作的重要一步。依据2003年教育部实行的"高等学校哲学社会科学繁荣计划"，资深教授需是在其工作的学术领域中做出重大贡献，且拥有30年以上工作年龄的教学科研人员。从资深教授优势的角度看，一方面；资深教授接受学校布置的科研、教学任务比较少，这就使其拥有充裕的时间进行专业审美的总结工作，另一方面，资深教授积累了数十年的教学科研经验，对于其研究的专业具有更高的理解、站位与更加广阔的视野，有能力总结与感受学科专业的审美知识。他们主要有两种合作形式。一是专业对话的合作形式，不同学科资深教授掌握着其专业领域最重要的资源，他们通过相互沟通交流与碰撞，表达对专业审美的认识，从而可以对自己专业形成一个新的观点、结论。这些合作应该以专业之美的深入挖掘为目标，以审美为中心，跨界参与、深入参与美育的课程设计。二是课题组合形式，对美育课程设计进行改造，使其成为课题立项，以审美教育的相关课题为载体，加强资深教授与各个学科教师、年轻教师之间的沟通交流，课程设计项目以团队的方式进行，资源共享，自由讨论，促进各个专业的美在团队交流中碰撞，以美的规律为参考依据对课程内容进行组织。

（三）青年教师参与美育课程培训

增加美育的师资力量，扩大师资规模，发挥美育示范的辐射作用。高校侧重于培养青年教师，视他们为美育师资的主要力量。大学教学在内容、目标与评价等各方面要求教师具有非常专业的教学能力，授课教师传授给学生知识，传授给学生专业的技能，除此之外对其他方面的关注极少，美育就存在于被专业教育忽视的间隙中。目前，我国高校课堂教学的主体是中青年教师。大学生审美素质发展的重要影响因素就是位于课堂一线的教师的专业审美能力。如果各个青年教师可以把他在专业研究与学习中的审美体验转移到与学生的日常交往中、课堂上，促使学生学会用审美的眼光看待生活中的各种事物与学习奥妙的专业知识，那么这样的大学的专业课程、专业教学与专业知识熏染学生，为学生提供极佳的审美体验，促使其发展"完美的人性"。

高校美育的设计和实行过程中最重要的一部分就是对青年教师的培训，这也是整个美育事业的最重要的组成部分。大部分学校对这一问题非常重视。例如，重庆市十三所美育实验高校在中期工作汇报中经常提到美育师资培训的成果与出现的问题，大部分学校采用培训的方式去解决问题，具体措施有通过教学发展中心、培训学院、教师教育学院等各种师资培训中心传入美育的内容与理念，设置培训专题，具体的培训有教师职业资格培训、辅导员培训、教师岗前培训、教师教学能力培训等，或者开展美育教学改革专题研讨，邀请校内外美育专家积极参与，大力支持教师参与艺术团与美育进修的实践。

三、高校美育"互联网 +"的技术应用

现代科学技术的飞速发展，为教育带来了巨大的改变，互联网技术发挥了极大的作用。"互联网 +"指互联网平台运用相关技术把各行各业与互联网衔接起来，在新领域创建一种新的生态。《关于全面加强和改进新时代学校美育工作的意见》表明要构建美育网络资源的共享平台，以美育网络资源为依据，积极鼓励各级各类的学校建设美育移动平台，结合"互联网 +"发展新形势。

（一）充实高校美育在线课程资源

"互联网 +"对美育而言，尤其是在课程上发挥着重要作用。美育与德智体相比，是需要重新建设的教育领域[①]，尤其表现在美育实施与美育认识方面。高校美育需要在专业教育中开辟一处天地，这就需要互联网技术的帮助。首先，美育必须依靠互联网技术，利用其提供的新颖、生动、形象的音频、视频等审美体验材料，使学生获得愉悦的体验，提高学生人文与审美素质。其次，高校美育课程内容丰富，结构复杂，即包括鉴赏类的规律应用、高深的知识研究，还包括各种艺术技能的培训，仅仅依靠教师的现场教学是办不到的，互联网为学生提供更多的可以进行选择的课程。再次，根据大学生生

---

① 赵伶俐 . 互联网＋大美育：构建更美好的数字化平台 [J]. 中小学数字化教学，2018(6):

活与学习的特点，个性化的选择与碎片化的时间为小课、MOOC、微课等以互联网为基础的平台带了巨大的生机。最后，互联网对教育的发展作用更在于其具有非常强大的数据整合和分析能力。所以，高校美育的设计必须与互联网相结合，充分响应国家"互联网＋教育"的战略要求，把互联网融入课程设计与实施的过程中。不过，科学是一把双刃剑。互联网平台为美育课程内容增加了更多的自由选择性，但也带来课程质量等，美育要坚持本心，提高学生人文与审美素养，促进其德智体美劳全面发展。

（二）建设高校美育课程大数据平台

仅通过一次表演、一张试卷是不可能完成美育评价的，美育评价要求实现多层次、全方面与全过程的课程评价，需要互联网大数据技术为其提供支撑。运用互联网技术建设大数据库需要解决两个问题：一是平台建设，课程平台与美育数据平台相互连接的问题；二是数据转化，评价学生审美素养能否直接以高校课程的美育成绩为参考依据。美育质量测评重点关注学生审美体验，关键在于学生审美素质，也就是美育对学生美感的唤醒。

当前我国线上教育飞速发展，但同一平台课程、各类在线课程平台、同一课程不同的时间段各自都难以组成大数据库，主要原因是孤立的课程运行阻碍了美育课程数据的建设。这就要求建设以合作为基础的跨平台数据库，如某一平台或者国家教育部门主导，制定美育数据库专栏，利用美育质量转化公式、课程运行数据等工具解决大数据评价、美育课程相结合的技术问题。

（三）推进高校移动美育——补偿与发展并进

互联网的飞速发展促进了移动终端的发展，巩固了"人机合一"的关系。不管是多大年纪的人，不管生活在城市还是乡村，移动终端以其强大的功用为支撑，成了人民生活中的必需品。其增进了人民生活的便利性，丰富了生活的内容与形式，但不可避免地也会使人民生活与注意力更加分散。有学者调查研究了大学生智能手机的使用状况，结果显示大学生手机功能排序，由低到高为美感与艺术、政治与信仰、文化知识、个人情感、经济与日常生活、休闲娱乐，并以此提出了以"移动审美方式"理念为核心，营造创新、便利、开放的美育生态环境。①

　　移动美育是互联网技术飞速发展的产物，为审美教育发展带来了巨大发展机会，智能手机以其自身的软硬件、互联网资源对美育课程产生了巨大的影响。手机终端可以帮助学校把美育课程资料传送到每一个学生手中，把各种民俗、音乐、舞蹈、影视、军事、书法、科学等经典的作品作为审美教育的主要内容，学生可以自由进行选择。在日常教学中，学校可以使用移动后台建设校际或者校级线上管理平台，推动大学生审美素质培养、艺术技能培训、知识教学，设立学分认证机制，在线开展学生认证，为审美教育移动功能的实现提供有力保障，提供学生进行沟通、合作与学习的途径。来自不同学院的美育知识和美育资源都可以通过互联网移动终端技术实现跨越时空的共享。

---

① 张建，陈本友．以手机为终端的"互联网＋"移动美育研究 *[J]．华东师范大学学报（哲学社会科学版），2017(5): 109-116.

第七章　美育视角下校园文化的构建与大学生素养的提升

第一节　高校校园文化的审美功能

一、审美导向功能

学校采用某种特定的教育方法，引导教育学生形成端正的思想，帮助学生指明正确的成长方向，这就是审美导向功能。审美教育可以对学生的生活态度和价值观产生深刻的影响，可以帮助学生在追求审美时实现自我发现和自我提升，感悟到生命的真谛。可见，学生的审美能力会受到校园文化的影响，美育也能帮助学生不断提高事物的认知能力。校园文化蕴含着丰富的思想和价值观，在校园文化环境的熏陶下学生思想会有较大的提高，从而为美育的传播与发展创造良好的基础条件。在这样的环境下，学生通过不断的思考、学习和实践，逐渐产生新的理论和观点，实现自我提升。从当前的发展形势上看，多元化是校园文化发展的必然结果。为了与社会文化发展相适应，学校在发展时必须把握住重点，建设良好的校园文化环境，形成良好的美育环境与氛围，促使学生受此影响树立端正的审美观与价值观。因此，学校应继续将美育作为转型发展的重点，努力实现美育目标。

校园文化的美育功能对教育和引导学生具有重要作用。作为校园文化建设的重要内容，美育不仅能将优秀的校园传统和文化传承下去，还能促使学校形成独特的精神文化氛围。坚持美育，可以不断丰富学校的精神文化内涵，弘扬学校优秀的精神文化，使学校得到更好的建设与发展。当学校形成稳定、良好的校园文化后，在校教职工与学生之间就会产生一种群体意识，这种意识不仅对他们的行动具有指导作用，还能减轻教师教育学生的阻碍和负担。教师需要结合学生的艺术特长和个性特征对其进行有效的指导和教育，做到因材施教，向学生逐步渗透美育观念。美育教育要求对不同学生做好分类教育，时刻把握学生的心理，不断深入学生的思想深处，创造活跃轻松的氛围，引导学生更用心地学习审美知识，树立正确的审美价值观。高等院校在建设与发展的过程中，应从美育教育中挖掘优秀的人文价值观，以此为重点，结合校园文化，净化学生的心灵，引导学生树立正确的价值观，走好每一步人生路。

二、审美凝聚作用

审美文化具有一定的凝聚作用。审美文化不是由某个个体独具创造的，需要教师与学生共同创造，它对校园文化的各个方面都具有潜移默化的影响。随着审美文化的广泛传播，形成于大学生之间的新的文化认同和新的校园群体意识开始被越来越多的人认同，对大学生具有一定的约束和规范作用，使众多大学生凝聚成一种意识群体，这种意识群体自形成开始就十分稳定，它能促使学校形成独特的精神面貌和校园文化。校园文化建设可以采用的方式有很多，但大部分学校倾向于构建良好的校园审美文化，以其独特的凝聚力将学生联系成一个整体。学校可以通过组织各种活动来激发学生的理想，强化学生的信念，增进学生的感情，强化学生的团队精神和群体意识，进而实现校园审美文化的构建。校园审美文化可以使学生通过参与学校的集体活动提高自身的身体素质，不断完善自己的人格，完成学业，还可以赋予校园文化独特的凝聚力，对推动校园文化的建设具有不可替代的作用。

三、审美陶冶功能

在校园文化建设的过程中，审美教育始终散发着靓丽的光彩。审美教育形成于日常生活中，可以引导学生感受身边的人、事、物的美，发现生活的美，其目的是营造美好的氛围环境，帮助学生对审美有正确的认识，从美好中学习文化，吸收价值，在生活中创造快乐，享受人生。审美教育不是古板的按图索骥，它要求学生接受周围美好氛围环境潜移默化的熏陶和感染，培养良好的审美爱好，养成多彩的审美兴趣，在审美的过程中陶冶情操，自主规范自身的行为，获得正确的人生指向。校园文化对学生的熏陶仿佛无声的细雨滋润大地一样，悄无声息地影响着学生的思想与行为，使学生不断吸收着校园文化的精华，引导学生茁壮健康的成长成才。

优秀的校园审美文化应包含对民主传统的赞美、对科学精神的崇尚、对深厚人文底蕴的骄傲和对优良风气的传颂。在这种校园审美文化潜移默化的影响下，学生的素质不断提高，能力不断加强，身心得到健康发展。校园审美文化主要体现在校园物质文化和校园精神文明两个方面，校园物质文化包括校园的绿化环境、校园卫生和校园建筑建设等；校园精神文明包括融洽的师生关系、良好的课堂纪律、和谐民主的校园氛围、积极进取的学习氛围、活泼开朗的学生群体等。良好的校园审美文化为教师与学生提供了发现美、感受美的养分，促使其基于校园审美文化的沃土创造美。只有教师与学生亲身感受美、发现美，师生之间才能产生内心世界道德共鸣，从而使其以美的标准对自身的思想行为进行约束，实现自我提升和自我完善。审美教育的这种潜移默化的熏陶和润物无声的浸染正是其独有的特点。

综上所述，审美陶冶功能应作为校园文化建设的重要内容，参与校园群体的审美观、价值观和道德观的建设，形成完整的审美教育。古人常以"近朱者赤，近墨者黑"来形容环境对人的影响，一个人的品质、心性与人格的形成都与其生活、成长的环境有很大关系，校园环境对学生就有着潜移默化的影响。校园审美文化与传统古板的说教教育方式和"填鸭式教学"的教育方式不同，它以人、事、物的美为媒介，帮助学生发现和感受身边的美，大学生不断提升自身的审美能力，在良好的校园审美文化氛围中融情入境，接受校园文化与精神的熏陶，产生思想与精神方面的共鸣，在理与情的协调融合中获得美好的审美体验，达到思想与情感的升华，实现以美育作为柔性教育的最终教育效果。

四、审美创造功能

只有全面认识世界，才能实现改造世界。高等学校开展校园文化美育课程不仅可以帮助学生形成审美意识，提高审美能力，完善心灵美感，还能激发他们形成良好的审美创造能力。大学生积极参与各种精彩的校园文化活动，有助于自身良好的审美创造能力的形成。人类在青年时期对生活充满激情与热爱，想象力与审美情感也达到了最高峰。强烈的求知欲与审美好奇感使他们普遍具有较强的创造性，处于青年时期的人不仅善于发现美、欣赏美，还能勇敢的表达美，创造美。画一幅喜欢的画，写一首小诗，或朗诵一篇优美的文章，或参与实践活动，或进行一场表演，或参加学校的辩论比赛，或参加学校的科技文化艺术活动，抑或参加社会志愿服务活动，都能激发和提高他们的审美创造力。学生积极参加各种校园文化艺术活动，能够丰富校园文化的内涵，使校园文化得以建设和发展。与此同时，大学生以活动为媒介，可以展示自己的才华，发展自身的能力，开阔视野，丰富见识，锻炼口才，扩宽人际交往脉络，丰富大学生活等。可见，丰富的校园文化不仅是对美育的多样性功能的充分诠释，还是引导大学生启迪智力，激发创造性与能动性的重要途径。

校园审美文化建设的目标是引导和鼓励大学生感受美、追求美，对自己的生活、行为与思想等提出美的要求。在建设校园审美文化的过程中，应坚持合规律性与合目的性原则，统一形式与内容。审美化的校园文化包括感性文化活动与理性文化活动两种，感性文化活动以美术、歌舞、娱乐等为主，可以使人们在愉快轻松的氛围中享受韵律美；理性文化活动以思想教育、学术研究以及校规校纪宣传等为主，可以使人们在追求真、善、美的过程中体验意蕴美。通过举办讲座、竞赛、晚会等活动对学生进行审美教育，可以使学生在新颖生动、富有内涵的活动中获得潜移默化的引导，达到寓教于乐的教育效果。在创造校园审美文化的过程中，教师应与学生共同感知美、发现美和创造美，达到自我教育、自我塑造的效果。真、善、美的统一，会使学生的理性与感性结合成一体，使审美与认知达到一致，使思维变得更加敏捷灵活，从而进一步激发学生的潜力，使其得到更好的发展。

第二节　基于审美视角的校园文化构建

一、关于物质文化的审美思考——环境之美

（一）环境特点在现代校园物质文化建设中的价值体现

马克思认为，经济基础决定上层建筑，这是人类社会的本质特点。校园文化建设也符合这一规律。物质环境是校园文化的载体，为校园文化的酝酿与发展提供了物质基础和有力支持。纵观我国各大高校校园，每所校园文化建设非常优秀的高校都必然有良好优美的校内环境，从其环境建设方面可以感受到建设时的用心。首先，人们感受校园文化氛围时，最直接的就是对环境的感受。要想了解学校的教学质量需要从课程、教学等方面着手，但要想了解学校的环境好坏，进入校门用眼睛看就能有所了解，由此可见校园环境建设对高校校园文化建设的重要性。物质是客观存在的，是文化的载体与基础，而文化却是一种氛围，它能潜移默化地对人产生影响。不同的大学校园带给人的氛围感受也不同，究其原因是不同的校园文化环境造成的。不同高校的特色与审美不同，每一处花鸟鱼虫、人文景观都在发挥着不同的环境功能，有着不同层面的育人考量，体现着不同的审美态度。

站在美育的角度看，在建设现代校园环境时，应结合艺术与技术，做到将审美特质与实用功能相统一，而不只是依据某种审美要求体现某种美。从使用功能的角度看，校园环境建设就是通过审美设计，对校园环境进行美化处理，使人们能直观地感受到校园环境的美，但经审美设计后校园文化在育人方面具有的文化功能才是其更深层的价值所在。校园环境具有悄无声息影响人，潜移默化育人的文化功能。校园环境的文化功能供养着灵魂与身体，链接着精神与物质，促进人与自然完美契合。当所处物理环境具有一定的审美价值时，一方面，我们的感官会获得放松、舒适的体验，身心愉悦；另一方面，在环境无声的影响下，人的心灵将得到净化，心性与品格将得以滋养，精神境界将逐渐提升，人的身心将会在大自然的抚慰中伸展，天性得以解放，

精神与心灵层面的需要得到满足。人的心理建设非常重要，人的审美情趣、情绪意志甚至人的健康，都与心理有着很大的关联。通常情况下，具有一定审美需求或要求的人，大多态度积极乐观，身心协调健康。校园环境文化功能的重要价值由此可见一斑。和谐美好的校园文化环境可以引导青年学生朝气蓬勃，积极乐观，形成良好的审美能力，可以帮助学生减轻情绪的紧张，缓解内心的焦躁，更快地适应环境，融入集体，对校园环境产生自然的亲切感与舒适感，从而在校园文化的熏陶与影响下，逐步实现梦想。

校园环境规划与建设的重点在于建筑物与绿化的美化功能，必须要保证其具有正确的价值和高雅的审美。建筑艺术本身既具有审美意义，也具有使用价值。校园内建筑的建设应与校园文化环境具有相同的审美特点和价值，不仅要满足现实使用的本质需要，还要承载校园文化使人们获得相应的审美体验。因此，在设计和建设校园文化环境中的建筑时，应兼顾功能作用和审美享受两个方面，结合周围景观与建筑的特点，从整体出发，完成合理的设计，保证设计成果既与原有环境融洽，又能凸显重点且不突兀，还能保证整体的协调与统一。结合校园内部环境的现有风格，结合文化与功能"量身打造"出专属的校园名片。校园环境建设实际上也是对开发者与决策者的审美素养的严格考验，从一定意义上看，开发者与决策者的规划设计不仅要具有提高校园管理者综合素质和审美能力的作用，还要不断强化其人文情怀与精神，使其在全面育人方面对教育要求更为看重。

（二）环境育人的实践要求及方式

1. 环境育人的实践要求

环境育人即借助物质环境熏陶达到教育人、提升人精神境界的目的。环境育人要求人的精神与物质达到统一，精神层面的滋养教育是环境育人的重要内容。物质特征是建筑文化的显性外在特征，建筑文化通过其外在物质表现对人的精神产生潜移默化的影响，这种影响虽无声，却非常深刻，具有一定的内隐性。身处建筑之中，建筑的物质文化及其特殊的形式美感在无形中深刻影响和滋养着人们的精神与情绪。高等学校中保存时间较久的建筑就能充分体现这一点，与此同时，这些建筑与人和谐共处，营造出良好的精神文化氛围，在感化人的同时与人相互促进，共同发展。这些建筑集结了学子们的精神力，展现着高校的深厚底蕴和自身特色，承载着丰富的精神文化涵养。

这些建筑是时间沉淀的结果，其富有的历史人文气息是无法在短时间内通过人力创造出来的，其中蕴藏着深厚的校园文化，是校园精神文化与现实物质的完美结合。

在打造校园文化过程中，应遵循美善统一、礼乐相成的原则，通过环境对人潜移默化的影响和感染作用育人。从建筑领域与技术层面两个角度看，校园建筑的设计与建设与土木工程技术虽存在些许差异，但大体相通。校园建筑不仅要具备现实实用功能，还要具备一定的艺术特征与文化功能，具备深厚的历史意义与哲学思想。

2. 打造具有浓厚"文化特色"校园物质环境的方式

基于现有校园文化建设进程及学校综合物力财力情况，合理建设符合校园气质文化的文化广场与校训广场，同时要向其中贯穿绿色、和谐的环保理念，并将大众的心理需求充分考虑进去。在建设校训广场时，应将立德立言、催人上进的内容作为重点与核心，再结合学校的课程要求、教育目标综合规划建设。陕西师范大学雁塔校区在规划校训广场时，就将田径场、音乐喷泉广场等校园景观融入了校训广场的建设中，充分展现了学校的精神文化面貌，学生在这样积极健康的环境中，时刻感受着人文与自然的情致，怀揣着锐意进取的使命与期待生活和学习。

除了校园环境与建筑建设之外，学校还可以通过树立榜样人物来鞭策、激励学生学习和成长。学校应对先进优秀人物事迹进行重点挖掘，制作有示范作用的伟大人物或校园内杰出人物的雕像，将其放置于校内最醒目的位置，同时做好校史馆的布局，以此提升校园的精神格调。校园是育人的载体，所有服务、建设都应围绕着育人目标开展，打造丰富多彩、生动形象的校园文化。在这样和谐健康的环境中，受在这些优秀人物人格魅力的影响，学生将逐渐树立端正的人生态度与三观，发展成为兼具才与德的人，真正做到立志在当下，成事在未来。

最后，高校图书馆应充分发挥校园文化建设的功能。高校图书馆是最能体现高校精神内涵及物质文化特色的部分。图书馆资源包括有形资源和无形资源两类。图书馆的室内陈设、周边环境建设、所有藏书、电子阅览室、自习室等都属于有形资源；而读书分享活动、师生互动活动、博雅讲座等各种在图书馆内组织进行的文化活动属于图书馆的无形资源。从某种意义上讲，图书馆是对教学活动的一种补充和延伸，具有丰富的内涵与强大的功能价值，是实现环境作用于人的良好途径。因此，图书馆建设是校园文化建设的重要环节。

二、关于精神文化的审美思考——内在之美

（一）对高校校园精神文化建设及其审美教育的看法

高等教育主要以真善美为中心，开展审美文化教育。换言之，真善美代表了审美教育的文化要求和价值标准。审美教育一直是高校校园文化建设的一项重要内容，审美文化体现着高校的办学品质。高校在进行审美教育时，需要以校园文化为依托，将理性与感性因素完美结合，从形式与内容两个方面创造美，依据时代的要求选择与甄别美。美是真与善的思想源头，是基础，更是核心。之所以美的地位如此重要，是因为美的教育法则与理念普遍渗透在各类学科的教育理论之中。

美学教育具有基础性和普遍性，因此高校在进行审美教育时，应重视学生审美能力、人格修养以及综合素养的培养和提升。

（二）全面建设审美教育模式，加强校园精神文化建设

大学也被人们称作象牙塔，这样的形容实际上并不准确。大学校园是学生从校园走向社会的过渡，衔接着现实与梦想。大学教育对人的成长有着不可忽视的影响，大学是人一生中重要的转折。引导学生形成完美的人格是美育的真正意义。大学校园进行的审美教育实质指培养审美能力的具体活动。

审美教育是一种实践活动，它讲求实践的方法与精神的培养，也是一种独特的艺术形式，它讲求艺术要求与内涵。审美教育要求有细致、长远的规划，要求校园管理与美学理论、美育理论实现有机统一。审美教育的目的与其传递的内容决定了它属于一种综合性活动，从表面上看，审美教育传递的是与审美相关的知识，从实质上看，它还传达了丰富的情感力，审美教育从这两个方面启发和培养学生的创造力、想象力，使学生的生活与学习充满情致。审美教育的目标境界也是众多教育者理想中的境界，是一种自由天性的认可，体现了人与自然万物的和谐美好。在开展审美教育活动之前，首先要明确课程的内容与教育体系，樊美筠对美育教育进行了梳理归纳，她认为其内容可分为三个层次：艺术层次、美学理论层次以及美育理论和实践课程层

次。在审美教育体系中，这三个层次协调统一，但又互不相同。艺术课程类注重让学生感知领会艺术，能够将美的感受表达出来，以此提升对美的整体感知力；美学理论课程类要求学生能够对审美对象进行具体的认知，通过观察事物的形态特征大致掌握美的规律及进程，达到对审美理念与审美态度的高度凝练；美育理论和实践课程类具有一定的技能导向性，它要求学生学习课程中的美育知识，获得一定的教育技能。然而，从根本上看，美育教育的最终目的都是通过美育课程教育，引导学生认识美，感受美，获得美好的情感体验。这是美育教育课程最终的作用效果，但良好的校园文化环境具备更强大的美育功能和更深远的影响力。良好的校园文化环境氛围可以培养学生的人文情怀和人文精神，弥补美育教学的短板。我国传统文化有着丰富的历史积淀，蕴藏着丰厚的人文底蕴，数不胜数的经传典籍、诗词歌赋流传至今，与之一同流传下来的还有古代贤人的精神与情怀，中华民族的意志与骄傲，以及随着时代传承发展的审美志趣。因此，高校的审美教育还应重视经典的传承与弘扬，引导学生深入剖析各家所长，感受中华文化的博大精深，传承豁达坚毅的人文情怀，提升自己的人生境界。

在对学生进行审美训练时，还应将艺术培训列入重点，引导学生形成审美与鉴赏的能力，使其修养不断提升。黑格尔认为，审美是一个发现美的过程。生活中处处有美的存在，但要有一双能发现美的眼睛才能获得美的感受。因此，我们应使用审美的眼光看待这个世界。美是艺术的精髓，是艺术的灵魂，人们可以将美寄托于艺术中，用艺术引导人们发现美，了解美，欣赏美。陶伯华认为，感官对美的感受是低级的审美，美育的真正意义在于通过艺术加工实现美的升华。艺术与审美可以使人在世俗的束缚中获得自由和快乐。

培养学生形成人本精神也是高校审美教育的重点内容之一。近年来，信息技术迅速发展，网络成为人们生活中的必需品。当今时代，大学生已逐渐成为我国网民的主力军。然而，网络是一把双刃剑，通过网络不仅能获取海量的信息资源，还需要面对信息选择上的困难。互联网上的正面信息与负面信息交织并存，高校及教师应对此额外重视，努力营造健康绿色的校园网络环境，为学生创造安全、积极、健康、正面的网络环境，帮助学生建立端正的网络安全意识，获取积极信息。以美学视角对此进行相关思考，以美育教育培养学生形成积极健全的人格，维护良好稳定的网络秩序与社会秩序。社会的发展对人的成长有重要的影响，教育转型的重要性正在于此。高校应向学生提供成熟的审美教育指导，帮助其树立正确的价值观念，构建健全的人格。

三、关于管理文化的审美思考——和谐之美

（一）校园管理文化的审美特质——以人为本

1. 以人为本为核心的校园管理——校园人际关系的审美化

人有思想，有理想目标，是管理的主要参与者，也是管理的对象。人会用切实行动追求想要获得的东西。人本主义心理学领域的代表人物马斯洛指出，在人实现自我价值的过程中，人格是最重要的部分，其他因素相对次要。而自我价值的实现本质上就是以实际行动追求美的过程。马克思认为，动物的建造活动只会依据特定的标准进行，而人能不断突破现有标准，建立新的标准。人有灵活的思维和复杂的思想，会使用各种工具，制定各种尺度标准开展生产活动，并将美与生产生活高度融合。人在一生中从来不会停止对美、善、真的追求，以美的标准来影响和把控管理活动。人往往将美学原理融入实际管理中，将其中与实际发展需要的好的规律规则运用到管理中，以此强化被管理事物与人之间的协调程度，使管理活动能够表现美，传递美。高校的办学管理同样应结合美育对管理标准有更高的要求，向办学管理中注入人文关怀。人是高校管理的主体，是教学的重要组成部分。在进行教学时，教师应引导学生真正感受到学习的好处，激发学生的学习兴趣，不断提升自身教学能力，在教学中与学生互相促进，不断拉近与学生之间的距离，实现教师与学生的共同进步，从而实现学校的进步。在这个过程中，教师应培养学生的审美能力，引导学生感受校园精神文化之美，以美的标准管理自己，发展提高自己，实现自己的价值。高校也应将美的标准与校园管理有机结合，以美的要求进行办学管理，做到以人为本，为高校的未来发展创造更多有利条件。

2. 以人为本在现代校园管理文化中的审美体现

在大学校园的校园管理中，大学生是主要参与者，是被管理、被关注的主要人员。现代化的大学校园文化管理应紧紧追随时代的发展进程，时刻更新管理理念，以大学生的校园学习生活需要为依据，制定有效的管理制度。

现代校园管理文化要求将以人为本作为核心管理理念，将美学理念与以人为本的教学管理理念结合，充分展示校园文化精神的独特魅力和巨大的发展潜力。人具有较强的个体差异性，有独立的思想和情感。学校可以通过开展各种交际活动将学生与教师、学生与学生之间的距离快速拉近，促使师生、生生之间建立良好的感情基础，打造和谐的校园文化氛围。促进生生之间和谐、友爱、团结、互助是做好校园管理的重要条件。每个大学生都是一个独立的个体，但每个大学生的生活与学习都需要依附于大学生集体进行，因此大学生之间建立融洽的关系非常重要。融洽和谐的校园氛围不仅能反映出校园管理美，还能不断促进美的产生，进而为校园管理提供更充足的动力，形成良性循环。人本管理理念要求结合制度的刚之美与人性的柔之美，使人感受到人文管理的美，管理需做到动静结合，以此实现美的充分展现。在校园文化建设过程中，学校的规章制度将严格要求教师与学生按照校规校纪、管理制度进行教学活动。但在建设校园文化时，不能单凭人的意志进行，人的意志并不是完全有利于校园文化建设的。因此，在校园文化建设与校园管理的过程中，应有机结合对人的管理与制度管理两方面，在两者的协调配合和共同作用下，促进校园管理水平不断提升，从而为学校发展创造良好、稳定的内部基础，真正实现校园的科学化、现代化、民主化管理。

（二）校园管理文化的建设策略——无为而治

在进行校园管理时，如何将"无为而治"的理念贯穿其中并灵活、合理的运用还需进行深入研究。从管理性质上看，"无为而治"讲求软性管理，与制度规定的影响管理相反，为学校发展新的管理方式带来了新的思路。"无为而治"的中心理念在于尊重人，依据人的行为与心理制定个性化管理办法。"无为而治"也需要考虑人的未来发展，但它讲求循序渐进的管理人，使人在接受管理的过程中充分感受到管理的好处，进而实现这一管理的目的，对学校的发展起到正面促进作用。"无为而治"这一管理方式要求在管理者不过多干涉的情况下，引导学生自觉遵守校园的各项管理制度，形成一种无形的规范，引导学生主动改进自身的不足，展示美的管理理念。自然万物都可以和谐共处，人类在自然界中也有着属于自己的独特的成长发展模式。老子的"道"指出人需要按照自然界的发展规律生存成长，而校园管理同样需要以该发展规律为依据，制定与学校发展条件相符的管理措施与办法。先秦的道家最先提出了"自然之道"，道家认为，万事万物皆遵循"道"来发展，"道"即为道家对自然界产生的审美思想。

"无为而治"的管理理念要求校园管理符合万事万物的自然发展规律，符合时代的变化规律。大学校园管理文化建设应结合"无为而治"的理念，紧跟时代变化，采用柔性的管理办法，结合学生的心理有针对性地制定有效的管理办法，给予学生充分的理解与尊重，尊重学生之间的个体差异性，制定综合性、个性化的管理办法。现如今，一些硬性管理办法已经不再适用于当今时代的校园管理中，校园管理应结合学生的心理发展经历选择合适的管理办法，使学生获得更好的大学生活体验。

"无为而治"的管理强调将人作为管理的中心，要求教师要在教育过程中向学生付出友好、真诚的感情，要求师生和睦相处。在现实生活中，大多数优秀的大学都对校园的管理方法格外重视，希望通过这些管理措施使师生之间建立和谐关系，强调师生之间达成一致的教学目标，实现师生共同发展，共同进步。校园管理措施中最主要的一项就是减少管理人员的参与与干涉，引导学生自主学习，形成一种由学生自觉管理、自主管理自己的管理模式，实现"无为而治"的管理，打造独特的管理美。学校中，每一个学生个体都是不同的，而学校与教师应根据学生不同的个性特点，使用恰当的教学方式，影响学生的思想与行为，充分调动学生的主动性与自觉性，使其严格遵守各项校园管理规定。同时，教师应充分发挥自身的标杆、榜样、带头作用，以自身好的特质影响学生，鼓励学生养成良好的生活习惯与学习习惯。"自由"的管理方式是"无为而治"管理的最大特点，雅思贝尔斯指出，教育可以对人产生深刻的影响，帮助人以自由的方式找到自己，认清自己。从历史的发展历程上看，人对美和自由的追求从未停止过。恩格斯认为，自由与文化之间具有相辅相成的关系，文化的进步可使人与自由更近。人在追求美和表现美的过程中，会获得自由的感受，而教育在培养人的能力、素质的同时能培养和提升审美与表现美的能力，这种美可以为人提供精神食粮，增进人与人之间的情感交流，促进人的发展与进步。

作为学校最重要组成部分，校园管理人员的领头人物，校长应做到身体力行，以审美的眼光审视校园中的美，以审美的态度建设校园管理文化。校长的行为对校园管理有深刻的影响，校长的思想与行为时刻影响着学校的建设与发展。因此，校长应展现自己最好的一面，以此打开与人交流的大门，建设校园文化之美，促进学校的进一步发展。与语言相比，行为对他人的影响通常更深刻。因此，管理者应先以身作则，严格遵守各项管理规定，这样才能起到模范带头的作用，规范被管理人员的一言一行。心灵美是人格美的重要部分，心灵美的表现主要是为人善良、真实。理论学认为善可以通过人的作为体现出来，是灵魂最重要的品质，当人通过自己的行为为他人带来好的影响时，就说明这个人的行为达到了善的标准。管理者应将自身的善通过管理行为表现出来，向被管理人员传递正确的价值观念、思想观念与崇高的道德情操。在校园管理中，管理者还应做到顾全大局，合理安排学校中的各项工作，促进全体师生的素质全面提高，打造和谐化、规范化的校园氛围。管理者应选择合适的管理办法，注重校园的和谐建设，充分发展学生的个性，挖掘学生的优势，促进学生健康成长，打造舒适健康、积极进取的校园环境。管理者应按照美的标准，发掘校园中各方各面的美，提高对美的追求，创造美。从整体上看，管理者通过自身的行为引导和影响受管理者，因此管理者应具备丰富的情趣，崇高的理想，端正的人生态度，在管理的同时创造美。校园中的每一个成员都是其重要的组成部分，如果说校园是一个宽阔的舞台，那么这些成员就是舞台上的表演者，他们在舞台上充分散发着自己的光彩，展现自己最美好、独特的面貌，表现自己的能力，共同创造美，发展美，共同建设美好和谐的校园。

第三节　大学生审美素养的生成特征及生成机制

要研究大学生审美素养就必须系统地了解其生成机制，分析审美素养生成的过程，了解过程中包含的主要因素、这些因素之间的联系，以怎样的运行方式影响审美实践活动，最终产生了怎样的结果等。

审美素养产生于审美实践活动之中，与理念的形成虽有一定的联系，但没有绝对的孰先孰后的关系。审美素养可以在审美实践活动中自然形成，也可以通过美育教育课程获得。审美素养可以引导个体统一内容与形式，获得美的感受，从而对美进行欣赏和创造，审美情趣不断提升，最终得以身心自由、和谐、全面地发展。不断丰富的审美感受会促进审美情趣与审美创造能力不断提高，审美能力与审美经验最终将内化为人的能力与个性的组成成分，从而促使个体形成审美素养。①

一、大学生审美素养的生成特征

（一）审美素养生成的过程性

生成性哲学指出，生成实质上是一种从无到有的发生或发展过程，这个过程是动态的。审美素养生成从这一点上讲也是一个过程，审美主体需要将已有的审美经验作为基础，感悟、经历、反思、体验审美活动中的审美关系与审美对象，并传达审美，反映出某种综合性特征，并将这一特征通过现实、真实的审美活动呈现出来。因此，可以说审美素养的形成分为"生"和"成"两个阶段。"生"的阶段主要为主体认识和学习的阶段，通过学习美育课程，审美主体可以正确地认识艺术的本质与美的真谛，掌握审美的方法与相关知识，养成端正的审美态度与高尚的审美情趣。在此过程中，个体将通过与其他群体进行对话和交流，感悟和体验审美实践的过程，主动积极完成个体审美素养的建构。"成"的阶段主要为主体在审美活动中展现其在"生"的阶段已形成的审美素养的阶段。这一阶段，主体以审美的眼光进行有效、正向的审美活动，对现实、真实世界进行审视。站在主体活动的视角上看，主体从体验到感悟再到表现的这一过程就是其形成审美素养的过程。站在内容的层面上看，这一过程是审美主体用审美实践活动产生的审美经验与相关知识表现真实世界的过程。

（二）审美素养生成的超越性

个体通过审美实践活动获得审美经验，形成审美素养。但审美经验所产生的审美素养通常会超越审美知识、经验与审美能力的范围。这就是审美素养的超越性，这种特质会促使审美素养不断超越原有水平，朝着更高的层次发展。主体通过学习美学知识，从各种现实审美情境中提升自身的审美能力，形成高尚的审美态度和审美情趣，最终使自身审美素养得以完善和提升，而审美主体的张扬个性将会在此过程中加速各审美要素在审美素养内部的转化过程，使之超越原有审美素养水平。也正是这种超越性，决定了审美素养将

---

① 易晓明 . 论美育的本质及其当代使命 [J]. 美育学刊，2016, 7（3）: 1-7.

会产生于美育课程教学活动中。

（三）审美素养生成的主体性

人是生成审美素养的基础与必要前提。人具有多面性，有理性、知性、情感、思想，是时时刻刻变化发展的整体。从本质上看，人的主体性指人具有自我理解、自我认知，能自我确信、自我超越、自我塑造和自我实现，人的生命运动具有显著的创造性和选择性特征，表现着人作为主体的生命的广度与深度。[①] 另外，人的生命还有未完成性和未确定性，需要不断地选择发展的方向，由此造就了生命的多样性和审美素养的多样性。人是形成审美素养的必备条件，审美素养相较于美育理论知识更能彰显人的主体性，反映出个体进行的审美活动、积累的审美经验与对审美对象的反思与感悟等。个体通过审美活动感知、理解和想象审美对象的多样性与复杂性，从而生成审美素养，而审美素养又反过来使个体具有自我独特倾向性，使其掌握了审美活动的行为模式，这就是审美素养的主体性。主体应充分发挥自身的创造性、自主性与积极性特征，形成和积累审美素养。

依据发生学原理，个体将通过审美实践活动了解架构自我认知结构的过程，认知论的原理也会对审美素养的形成产生一定的影响。审美素养是个体通过审美实践活动产生的，不是审美主体天生就有的，它是不断变化、架构的，不是静止不变的。

二、大学生审美素养的生成机制

（一）大学生个体已有的审美经验是审美素养生成的基础与源泉

生成性学习理论认为，我们在接触信息后，经常会下意识地使用原本的认知结构对其进行意义建构。从本质上看，获取知识与学习的过程是个体将从环境中获取的新知识与信息利用原有的认知结构结合起来，主动选择信息内容和架构信息意义的过程。在此过程中，已有的概念、知识及关联被视为影响生成学习的一项重要因素。杜威认为："学校教育要在教学中为学生的参与及经验的获得提供方便，以学生的视角来看，自我所取得的经验本身具有十分重要的价值，从教师的角度看，这些经验提供通过利用符号的教学所需

---

① 郭湛. 主体性哲学——人的存在及其意义 [M]. 昆明：云南人民出版社，2002: 29.

要的教材的手段，又是唤起对用符号传达的材料的虚心态度的手段。"① 其指出，所有的学习活动都可以使个体获取相关经验。审美经验的积累为审美素养的形成提供了充分的养料。而审美经验则是主体与对象、主体与主体、主体与其所生活的世界之间在相互交流对话、相互理解的基础上产生的、不断演化和丰富的、形态相对稳定的经验。② 审美经验并不是审美主体生来就有的，它与周围世界之间联系紧密且相对活跃。对审美经验有决定性作用的是审美的态度观念，只有先建立一定的审美态度，才能产生审美经验。"审美需要"作为审美主体的心理效应，对审美经验的更新、发展、提高与积累都有较强的促进作用。当审美需要得到满足后，又会有新的审美需要产生，为审美经验的产生、更新、发展与积累提供源源不竭的动力。此外，"审美想象""审美感知""审美理解""审美情感"对审美主体来说是不可缺少的调控性因素。人的审美经验是人的理性与感性交叉结合的结果，对人全面发展情、知、意各项心理机能有促进作用。

审美经验主要包括以下几个方面：第一，形成于接受审美教育之前的经验；第二，形成于审美教育和审美实践活动中的经验；第三，产生于审美教育活动之后的经验。在个体参与审美实践活动，形成审美素养的整体链条中，每一次形成的具体的审美经验都属于其上的一个链接，审美个体的心理结构不断被前一次的审美经验重塑，在后一次的审美活动中发挥作用，即每一次审美活动的成果都成为开启下一次审美活动的重要节点。个体通过审美实践活动，不断积累审美经验，发展审美素养，提升审美能力。

（二）大学生个体审美活动是审美素养生成的载体

人可以通过参与各种实践活动认识世界，无论是获取知识还是建构情意，都与主体进行的学习活动有较大的关联。从教育的层面上看，活动可以自然、有效地促进受教育者身心健康、协调发展，形成和提高各项能力。无论是杜威提出的"从做中学"教育方法论，还是我国的古语"纸上得来终觉浅，绝知此事要躬行"都强调认知的重要意义在于通过参与感性实践获得切身经验。主体参与的各项审美活动对审美素养的产生具有深刻意义，审美素养产生于各类审美活动之中，随着在真实情境中掌握的审美技能与知识的不断积累，

---

① 杜威．民主主义与教育 [M]．王承绪，译．北京：人民教育出版社，1990：247.

② 李春媚．"审美经验"再认识 [J]．社会科学战线，2013(3)：40-44.

审美主体逐渐形成审美价值观、审美趣味等审美素养。大学生应全身心地投入审美实践活动与美育教育学习中，自动学习相关知识与技能，积累审美经验，完成审美技能训练，进行审美创造。在同时具备体验性与操作性特点的美育活动中，审美主体发展自身的审美趣味，提高自我审美能力与水平。在美育教学中，大学生应在创作中积极训练和学习，充分调动自己的积极性，追求自己的兴趣所在，积极尝试各种审美实验，从而进行创造性发展。在这种审美实践活动中，大学生的内部与外部行为达成统一，积极主动地探索审美，获得"自由自觉"的审美体验。在这个过程中，大学生的审美需要被不断满足，不断更新，大学生获得更多的审美愉悦，不仅形成了自身的审美素养，也实现了审美的表达与传递。以感性为引，关注、激发、升华感性，使用与人的本质相符的实践方式，充分调动大学生的活力，促使其全面发展。

综上所述，审美活动为形成审美素养提供了重要载体，主体可以通过审美活动掌握一定的美学知识，学习并掌握相应的艺术技巧，并通过真实具体的情境重建和积累大量的审美经验，建立起稳固的审美能力和强烈的审美意识，从而形成审美素养。因此说，审美活动为审美素养的形成提供了基础，没有审美活动就无法形成真正的审美素养。

（三）大学生审美过程是审美素养生成的环节

只有人产生了一定的审美需要，才能顺利展开审美教育活动。每一次审美教育过程都可被看作一次审美活动过程，是一次积累审美经验的过程，这个过程是一个动态的过程，有着复杂的系统和丰富的环节，如交往、感悟、表现、体验等。人在生命活动中获得体验，通过体验不断认识自我，体验即"以身体之，以心验之"，具有亲历性特点，是一种真实的生命活动形态，个体可以通过体验感受、领会周围的对象与环境，因此体验是一种体悟的神思状态。以审美感知为基础，通过组织、整合、联想、移情、回忆、想象等多种审美心理活动，对自身的生命活动产生体验，获得深刻的审美感受，净化情感，使审美需求得到满足，这就是深层次的审美体验。例如，在品味和感知罗中立的画作——《父亲》时，先从远处观察，获得初步体验印象：画中是一位年岁稍大的中国农民，再近距离细看，画中老农的脸上遍布皱纹，鼻子、额头上沁着很多绿豆大的汗珠，眼神木然又无助，充分表现着老农的状态特点。从本质上看，审美体验也是一种本真言说的生命体验。主体通过审美活动感知审美对象，探寻对象的特点，亲身经历，主动体验。审美体验的产生不仅决定了个体审美体验的消解与梳理，其他审美活动的保持与发生，还决定了能否形成有效、真实的审美感悟。可见，获得良好的审美体验才是审美活动进行的重要条件，是审美素养形成的起点。

感悟是人生的超越境界，属于人的一种内在意识活动。人只有发挥主体性，才能"悟"出社会事物、自然事物的关系，得到最终的感悟。通过审美活动可以产生审美感悟，这种审美感悟通常具有心理图式的独特性和现实图景的具体性。① 进行审美活动时，在感性的作用下，我们会将艺术作品摆放到审美对象的位置上进行理解，我们在摒除逻辑思辨、理性分析的情况下，以一种诗性的方式，感受审美感悟在感性活动中的形成，和其以感性方式的表达，进而触物起兴，感物心动，从而在对艺术与自然的体验中，全面、直接地体悟到审美客体的意蕴，表达出审美主体的情感体验、表象记忆与意义认知，最终达到澄怀观道的境界。个体在审美感悟中往往会产生丰富的审美情感。例如，在欣赏一段优美动听、节奏缓慢的音乐时，个体会感受到音乐的节奏之美，内心感悟到情绪感与节拍感，进一步激发审美欲望，从而带动审美进程的发展。

交往的意义不仅是单纯的相互表达，更是对话双方的相互理解，思想的相互渗透与同构，是共同参与的实践行动，是深层次、全方位的互动与交流。当个体主动发挥交往能力，建构交往关系时，审美活动就开始了。个体观赏者在进行审美经验活动时，会发挥自身主动性与审美对象积极交流②，获得相应的审美感受与体验，继而与共同参与审美活动的其他审美主体发生交往和交流，构建相互理解、相互宽容、相互接纳的意义关系。在形成审美素养的过程中，交往是一种在感受与体悟的基础上建立的过程，交往主体依据交互原则，深入开展审美鉴赏活动。在进行审美对话交往的过程中，会生成一个不断融合、持续存在的"生活世界"，提高审美的效用，推进审美价值观的传播与建构。以凡·高的作品《食土豆者》为例，其将真实的生活生动传神地刻画出来，其中大量深刻的细节引起众多欣赏者的关注，审美主体与其中的

---

① 王力平. 论审美感悟的二重性及结构因子 [J]. 河北学刊，2013(5): 93-98.

② 黄卫星. 审美价值观的传播与建构——当代美育中的对话与交往 [M]. 北京：人民出版社，2012: 94.

细节进行交往对话，内心掀起波澜，愿意主动地了解作品与作者的相关背景，吸收作品中高雅的艺术审美趣味，提高自身的审美素养。

内在情感活动经过个体的表现得以呈现在外部环境，因此表现就是在外部表现的内在情感。表现在审美活动中指基于对审美的感受、交往与体悟，将这种感受交往及体悟的结果在真实的情境中展现出来，即"学以致表"，表示个体将良好的内在素质由内向外地充分外化，进一步做到以内养外，同时直观、清晰、具体、形象地展现在观察者本人及其他人面前。个体的表现代表了其具体的审美行为，当个体欣赏一首歌曲、一幅画或者一首诗时，其内在的情感变化就会外化为审美行为上的表现。作为形成审美素养的关键环节和最后环节，表现代表着个体对现实情境的理解，代表了个体在现实情境中的问题得到解决后形成的审美素养。如果没有表现，就说明个体的知识与技能没有有效转化形成审美素养。

总而言之，大学生只有往复循环体验了"知－情－意－行"的过程，才会形成真正意义上的审美素养，获得主体的价值体悟，实现由外向内的内化，再由内向外的外化审美素养形成过程。在培养大学生审美素养的过程中，应把握和创设良好的教育时机，促使其不断往复经历审美过程，使其形成审美素养。

第四节　提升大学生审美素养的具体路径

在新时代背景下，培养大学生的审美素养是一项复杂且庞大的工程。只有明确了大学生当前的审美素养状态、提高审美素养需要面对和解决的问题，才能明确内、外两个层面影响大学生形成审美素养的因素有哪些，从而创新审美素养培养路径，提升大学生审美素养。为此，可以以社会、高校、家庭及个人等方面为切入点，在社会主义核心价值观的引领下，在家风优良、人格健全的基础上，围绕立德树人的核心观念，构建协同推进、全员参与的美育体系，建设美好和谐的美育环境，促进高校以内涵式发展审美教育。同时，要加强美育与体育的结合力度，促进大学生不断提升自身的审美素养，形成健全的审美人格，从而得到全面发展。

一、以社会主义核心价值观为引领，推动审美环境建设

人类的生存、发展以及开展各种实践活动都需要依附环境进行，环境深刻地影响着人的审美意识与思想道德观念。在当今时代，要想培养大学生形成良好的审美素养，应积极优化和创新培养路径，构建美好和谐的现实环境基础与健康安全的网络环境基础，坚持社会主义核心价值观，坚定弘扬中华优秀传统文化，建构完善的网络管理机制，加强网络空间秩序的规范化程度，以正能量引导学生形成积极健康的审美风尚。

（一）弘扬优秀传统文化，推动核心价值观入心入脑入行

中华优秀传统文化象征着中华民族坚毅善良、顽强不屈的精神面貌，为社会主义核心价值观的建设提供了源源不断的动力支持，更是中华民族屹立在世界文化之林的坚实根基。美育教育虽然没有立竿见影的作用效果，但其作为一种心灵与情感上的教育，是一个潜移默化的影响过程。在当下时代，应以优秀的中华民族传统文化为壤，埋下时代精神的种子，引导大学生深深扎根于当下时代，吸收中国革命文化、中华传统文化、社会主义先进文化中的养分，以深切的民族、文化认同感催动美育教育与文化教育对大学生的影响，以社会主义核心价值观为引，培育大学生形成高尚的审美情操与审美理想。

审美教育的意识形态属性非常显著，大学生的政治认同与价值观念都会深刻的影响其审美理想与审美意识的形成。审美教育应在社会主义核心价值观的有效引领下，根据马克思主义美学思想的指导开展实施，否则大学生将会迷失审美意识的发展方向，失去追求审美理想的主导方向。坚持在社会主义核心价值观的引领下，帮助大学生树立正确、健康的审美理想与审美意识，形成纯洁的、端正的、科学的审美思想，从而使其在良好的审美教育中健康成长，和谐发展。在审美层面，大学生的人生志趣与社会理想促使其逐步树立良好的审美意识与端正的思想价值观念。实践证明，在教育引导大学生形成社会主义核心价值观的过程中，美育教育会以其独特的教育方式辅助大学生建设正确的价值观念。对于大学生在提升自身审美素养的过程中产生的各类问题，我们应及时调整教育观念，转换教育角度，以社会主义核心价值观的重要思想为方向，融入审美教育，并开展各类教育实践活动，将思想政治教育的说教与审美教育潜移默化的情感渗透相结合，使学生在理性与感性交

织的环境氛围中，感受艺术之美、自然之美以及社会之美，从而增进师生间的情感交流，强化大学生心理上对社会主义核心价值观的理解以及认同感，真正做到在社会主义核心价值观的影响下支配思想与言行。

（二）规范网络空间秩序，健全网络管理机制

在经济利益的驱动和商业化影响下，暴力、低俗等"丑"文化在网络中泛滥，对人们的世界观、价值观不断冲击。大量娱乐化的内容携带着庸俗的思想对人们的审美意识与价值观念造成了强烈的冲击。当今时代，人人都可以在网络上自由发表言论，但网络自由的背后隐藏着诸多风险与问题，现今的网络环境急需法治与德治的共同治理，网络空间秩序需要规范管理，只有建设完善有效的网络生态管理监督机制并实施，才能使网络虚拟社会中与主旋律相悖的"审丑"行为得到整治。

促进网络空间规范化建设，应坚持依法治网，加快网络立法进程，规划科学合理的依法监管措施，建构健全有效的互联网法制体系，化解网络风险，实现依法治网。另外，政府也应在互联网法治方面做好顶层设计规划，围绕着马克思主义理论做好舆论引导和思想引领工作，推进不良信息治理、网络安全等方面的立法进程，推动网络空间治理方面建设健全的监督机制，压实企业的社会责任，打造政府主导，公民、企业、社会共同参与治理的和谐局面，共同构建清朗的网络环境空间。

建设安全健康的网络环境，维护网络安全是所有公民、企业乃至整个社会的责任。网络空间虽然是一个虚拟场，到处流通着虚拟的信息，但参与网络活动，使用网络功能的主体是现实世界真实的人。治理网络空间应以限制和规范现实人的行为为基础。网民是传播和接受网络信息的一大主体，其是网络空间的重要组成部分，千千万万网民的互联网意识与观念对网络空间的氛围建设有着深刻的影响，也对新媒体平台中生产传播的信息内容有间接影响。因此，引导网民树立端正、诚信、依法、自律的上网意识与观念，引导其合理合法的表达自己的观点看法，共同建设充满正能量的网络环境非常重要。

（三）弘扬正能量，引领积极的审美风尚

治理网络空间应从德治的引导与法治的制约与规范两个方面同时进行。在新时代的背景下，为了避免和减少不良信息的形成和大肆传播，应正向转

化网络信息，充分发挥社会主义先进文化对网络文化的引导功能，用高雅的文化净化整体媒体市场，不断加强我国民众的民族文化自信，坚定我国民众的文化自觉，打造和谐尚美的网络环境，促使大学生在良好和谐的外部审美环境中树立良好的审美素养。

我们在检验用网治网水平时，常常以是否花费了大功夫、下大力气在网络上生产和传播正能量信息为重要标准。① 互联网是一把双刃剑，它能为大学生提供海量的信息，为其生活与学习创造很大的便利，但是由于网络平台欠缺成熟的信息发布审核机制，新媒体平台发布的大量信息不具备传统媒体的权威性，网络中充斥着低俗媚俗、暴力虚假等信息。如何有效阻断不良信息在网络空间中的传播现已成为治理网络空间的难点与重点问题。要想打造清朗的网络平台环境，就必须加大正能量信息在网络空间中的传播力度，推动表达了我国"举旗帜、聚民心、育新人、兴文化、展形象"的重要使命和实现中华民族伟大复兴的中国梦的信息广泛传播于网络空间中，维护社会主义核心价值观在网络空间中的主阵地地位。

为了减少和避免正能量信息在网络空间中传播失范的现象，应充分发挥媒体对负面信息的否定性批评作用，维护和监督正能量信息在大众之间的传播。主流媒体及党刊党报应对网络舆论做出正面引导，进一步加深新媒体与传统媒体的融合程度，结合新媒体在信息传播上的优势和传统媒体在信息发布与内容审核方面的权威性，以正能量打造健康、法制、安全、正面网络空间。在新型疫情爆发初期，各种虚假信息充斥在互联网环境中，《人民日报》等多家权威媒体联合众多正能量自媒体平台共同努力，对各种虚假信息进行考量及时辟谣，极大地保障了网络空间的稳定与安宁，及时切断了负面信息的传播。

二、以立德树人为核心，推进高校美育内涵式发展

目前，教育改革发展的要求与高校美育工作内容仍不相适应，广大青年学生对美育资源的迫切需求与德智体美劳全面培养的育人体系的构建相互矛盾。为解决这一问题，高校美育工作人员应树立端正的育人理念，坚持培养品德高尚的人才，对大学生加大网络素质教育力度，进一步加强新时代高校

① 雷跃捷，雷柯．推动网络发展的三个关键转变 [J]．新闻与写作，2018(10): 32-34.

的美育与德育的融合，深化美育教育供给侧改革，引导大学生形成高尚的情操，引领大学生获得和谐美好的审美体验。

（一）树立正确育人理念，构建高水平的美育体系

实践产生理论，理论为实践提供了指导，只要具备正确的思想观念，实践的自觉性才能得以提升。高校应充分了解美育工作对教人育人的重要性，从而以正确的育人理念，构建高水平的、完善的美育体系。

立德树人是高校必须要坚持的教育理念。国无德不兴，人无德不立。立德树人是高等教育的根本。中国共产党第十八次全国代表大会要求高校以立德树人为根本教育任务，立德树人的教育思想与理念应自始至终贯穿于高校美育工作中，新时代高校应努力建设"德智体美劳"全面发展的综合素质教育制度，提高人才培养体系的建设水平，重视美育工作的重要作用，结合时代背景，在中华民族美育精神的基础上，充分发挥美育功能，实现以美培元，以美辅德，促进美育与体育、德育以及智育相互促进，相辅相成，达到理想的育人效果。

审美化教育理念是高校应坚持的又一重要理念。当高校美育教育面向非艺术类大学生时，教育的目标不再是培养美学理论家与专门的艺术类人才，而是培养具备积极的审美人生态度、高雅审美趣味以及健全的人格的高素质人才。虽然艺术教育具有重要的美育教学作用，但社会交往活动、自然生活以及各个学科的教育教学都可以提供不同层次的美育教育。因此，高校可通过设置丰富的通识教育课程、学科教育课程、课外实践教育活动以及科学规划课程等，开展美育教育，引导学生感受美，挖掘美，学会以美的方式进行思考，用美的方式体验生活，追求富有审美情趣的人生，将高雅的艺术与日常生活完美融合，形成良好的审美人生态度。高校应围绕着大学生的培养建设合适的美育体系，结合学生的发展成才规律，鼓励个人、家庭、高校及社会共同参与学生的美育教育，做到小幼、中大各个成长阶段的有机衔接，建设现代化的、具有中国特色的高校美育育人体系。培养大学生的审美素养是一项系统性工程，该工程比较复杂，不能一蹴而就，必须有社会各界协调合作，共同参与建设。高校应积极与社会各界联合、合作，与家庭、企业、政府、机构、单位、组织等创建团体合作、互联互助的长效机制，充分结合"引进来""走出去"两大办法，吸引政府与社会层面的各组织单位参与大学

校园文化建设项目，引领学生从网络世界、宿舍中走向高雅，引导学生参观博物馆，体验各种民间艺术，体验丰富多彩的自然文化资源。

建设美育体系的一项重要内容就是整合社会各界蕴含的丰富的美育资源。为此，我国应加快虚拟现实体验平台、网络博物馆等的建设，在网络新媒体平台的基础上进一步建设开放共享的美育课程库、网络美育艺术库、网络美术课件库等，向大学生提供充裕的美育资源，使其对优质美育资源的迫切需要得到满足，实现美育教育资源的最充分利用和开放共享。此外，高校也应建立完善的美育效果督导与监测制度，联合校内主管部门、教师与学生等多个主体协同建立多元立体综合考核评价机制，并将美育成效纳入其中，以此为长效、高效的培养和发展大学生审美教育提供保障。

（二）推动高校美育教育教学改革，提高高校美育质量

当今时代高等教育内涵式发展的重点应为发展高质量的教育教学，而不再是以往对招生数量的迫切需求和高校数量的急切增加，高校内涵式发展的价值与本质目的在于提高人才培养质量，这就要依靠美育教育的强大作用来实现，具体可以从以下几个方面着手。

首先，加强师资队伍建设。教育是我国发展的根本，教师是教育发展的根本。教师担负着塑造生命、塑造灵魂、塑造新人、传播真理、传扬思想、传递知识的时代重任。各大高校应全力培养强大的师资力量，建设优秀的美育师资队伍。第一，高校应加强美育教师的培训力度，创造更多的交流学习机会供教师提升自己，促进专业课教师提高审美化教学的能力与自身审美素养，积累更全面扎实的专业知识，提升专业能力，加强师德建设，使其具备过硬的综合素质，学校还应严格按照"四有"教师的要求建设一流的教学团队，培养教学名师，使其充分发挥教育教学中的带动示范作用。第二，高校应努力提高现代化教育教学水平，提高教师运用现代化教育技术与工具的能力，促使教师积极自觉地使用各种现代化教学手段与技术开展教育教学实践活动，使其充分开发利用丰富的网络教学资源辅助教学。第三，高校应对美育教师现有的资源配置进行合理的整合优化，制定合理的美育教师优待政策，建设健全的艺术类教师奖惩机制，聘请优秀文艺工作者开展校内讲座活动，建设一支人员稳定、结构合理、强大优秀的高水平美育教师队伍，实现高校美育教育可持续发展。

其次，加快教育教学改革。高校应借助各种现代化信息技术，对美育课程形式做出创新，促使美育课堂充分发挥出其主渠道教育作用。从宏观视角看，美育教育已形成了一个较为独立的教育体系，不再是某个具体的学科与课程，高校应在艺术教育的基础上，深度开发校园美育资源，构建美育实践、艺术教育、校园文化、专业渗透美育共同参与人才培养的校园美育课程体系，从而提升高校美育教育的质量。高校应结合大学生智力、身体与心理的成长规律，普及并强化艺术教育，督促大学生学习美学基础理论，塑造美好心灵，结合艺术文化理论与实践全面建设开展美育课程，构建全方面、多层面的艺术课程体系，从必修课程与选修课程两方面增强美育课程的数量与种类安排，加强学分制度的完善程度，结合不同专业的特点合理配置美育教学必修课程与选修课程的学分，将美育教育全面纳入课堂教学中，使美育课堂充分发挥其主渠道作用，对学生产生深刻的影响。学校还应依据美育教学的规律，对审美体验培养加以重视，通过网络新媒体的作用向第二课堂——课外实践延伸第一课堂——高校美育的内容，充分发挥课外实践的美育教育作用，使学生在审美实践活动中，结合审美实践与审美理论，获得更高的创新创造能力和良好的审美体验。高校应深入挖掘当地丰富的美育资源，积极拓展美育教育和实践的空间，为大学生创造良好充分的审美实践条件。此外，高校应致力于提高美育教育质量，创新美育教育方法，充分利用包括互联网与新媒体平台等在内的一切可用资源建设智能化、信息化的课堂教学，采用线上与线下配合，慕课平台辅助，校内校际混合式教学，全面进行美育课程教学。高校应以美育目标为中心，开展学科联合式审美化教学，整合各学科优势，提高美育课程的审美性与综合性，对大学生进行引导式、启发式教学，重视培养大学生的审美情感、审美感受力及审美意识，提高其审美创造力和审美素养。

　　最后，加大美育教育资源的共享与供给力度，建设完善的网络美育教育服务管理平台。伴随着互联网思维的扩张与发展，高校应将美育教育与互联网深度融合，积极探索创新美育教育的办法措施，获得更理想的大学生审美素养培育效果。高校应抓紧"互联网＋"技术改革带来的好处，加快微型学习资源开发与数字化移动学习终端平台的建设，重新整合分配美育资源，在新媒体平台中共享优质美育资源，以丰富的网络教育资源满足大学生的发展需求，创建全天候、便利的学习条件，提高学生的学习效率。此外，高校还应加强高校美育大数据管理平台的建设，通过大数据教学管理监督学生的生活与学习，实现美育教育管理效率与质量的提高。

（三）创建和谐优美的校园文化，陶冶大学生的审美情操

高校应以社会审美环境为依托，加强建设校园审美文化，创造良好的校园文化环境基础，开展丰富的审美教育活动，实现高校美育内涵式发展。校园文化环境为美育教育提供了重要的载体，对大学美育质量与发展方向有着深刻的影响。优越的校园环境可以潜移默化地影响学生，帮助学生更好的欣赏美、甄别美、感悟美、创造美，提高其审美情趣，促使其形成良好的审美观念。

高校应对校史馆、美术馆以及博物馆等各种文化设施与场所的建设予以重视，向学生免费开放这些场馆，以其强大的文化功能影响学生的审美态度，加强学生的审美意识，提高审美教育效果。高校应将宣传板、走廊和教室等校园文化环境资源与"三微一端"等新媒体平台合理结合，利用这些资源制作蕴含深刻人文内涵的内容与节目，充分发挥优秀传统文化的作用，在社会主体核心价值观的引导下，将中华美育精神深刻渗透到学生的思想中，引导学生感受生命、自然、人文精神之美，创造安定和谐的校园环境。

高校还应以此为基础，对校园艺术活动进行创新，加大建设与管理艺术团的力度，根据时代精神特点，充分利用艺术社团，开展形式丰富、特点突出的美育教育实践活动，做到艺术与人才培养的充分结合，营造"美"的校园艺术文化环境，并使学生在这样的环境熏陶下，潜移默化地接受美与艺术的洗涤，形成高尚的审美情操、较强的审美能力和审美意识。

三、优化美育课程设置结构

关于高校美育课程设计上一章节已经有过具体论述，这里主要从结构设置方面进行深入探讨。高校的美育教育课程是高校整体课程体系的一部分，是使大学生形成审美素养的基础条件，是开展美育教育的基本保证。为了培养大学生良好的审美素养，高校应建构和管理多层次、综合有序的立体美育课程体系。首先，美育课程体系应具备较强的综合性，它应围绕着课堂教学的形式，架设在教学的组织保障基础上，借助课外文化艺术活动的侧面引导教育作用，使学生获得更高的创美能力与审美能力。美育课程不仅有传递审

美知识的作用，更有提高人们审美创造能力与审美感受能力的作用，它可以引导人们获得更强的审美情感力、想象力以及感知力等各种素质能力，发展人的审美素养。从大学生的心理发展趋势、认知规律、审美素养结构以及美育的特点与性质等层面上看，大学生美育课程体系建设应从以下几方面着手。

（一）保证美育理论课程的设置

美学与美育两个方面的基础理论等不仅是这部分课程的主要内容，还是美育理论实施的重要前提，更是美育课程体系的龙头。利用大量的课堂实践帮助学生了解美学与美育两方面的理论知识，有助于学生充分了解审美、艺术与美的本质，对各种艺术形式的表现形态与组织构造有所了解，从哲学的角度上获得"如何审美""为何审美"等问题的答案，同时使大学生明确美育的目的与作用，了解美育对人类发展的价值地位，引导学生重视美育教育。通过学习美育的理论与原理，科学合理地掌握审美鉴赏与审美创造的方法。

虽然学生无法通过审美知识教育获得相应的审美体验，也无法从中获得艺术创作标准和艺术批评标准，但学生可以从中了解哪些否定性的审美价值是应该避免的，哪些规范是人们在进行艺术价值创造的过程中需要遵从的。通过审美知识教育，学生将会从美学知识中吸收审美精神养分，并将其内化为自身的主体性精神内容成分。在审美教育中，美学知识作为一组话题、一种活动、一种关于哲学思想的主要论述，经审美主体的理解和转化，成了其"感美""立美"环节中的一部分，为构建科学的审美价值观提供了可供对照的评价体系和参考范本。审美知识教育课程主要包括"美育学概论""美学原理"等，教育部将"大学美育"设置为一项大学审美教育必设课程，并编写了一系列国家级教材。然而，虽然"美学原理"是哲学、中文等专业的基础性课程，但并没有对其他专业学生普及，其具备的审美素养培养和提升的作用没有被充分发挥出来。因此，在安排这两门课程时，应选派优秀教师，精心挑选教学内容，确定合理、科学的教学目标，以必修推荐等方式，向全体大学生提供这两门课程，使其获得高质量的美育、美学知识，实现大学生审美素养的培育和提高。

美育基础理论教育可以对审美理论观点做出系统的阐释，引导学生树立科学正确的审美观念，以审美观念引导学生积极参与审美实践活动，获得丰富的审美知识。此外，作为美学美育理论课堂的主要参与者与学习者，大学生会将美育美学的理论知识作为意义建构的重要对象，主动架构知识结构。美学知识不是在学生之外独立的美学规律，它客观地存在于学生参与的具体审美活动之中，美学知识与审美主体、审美对象之间会产生多种形式的对话交流。学生只有对此进行主体性的感受、观察、思考、理解等，才能结合美学抽象规律在头脑中梳理架构起美学知识结构，从而从根本上提高审美能力与审美素养。对于知识的传授，美育基础理论课程的最大优势就是其能以最短的时间向学生充分明确地传达介绍大量系统化的知识，再加以教师有条理的分析，可以使学生快速形成审美价值观念，获得和提高审美能力。将课堂教学与各类社会文化资源，如展览馆、博物馆及音乐会等结合起来，将会取得更好的审美教育成效。

（二）加强艺术鉴赏与创作类课程建设

从效果性、可操作性以及普遍性上看，高校应以美学美育理论课程的开设为基础，进一步建设艺术鉴赏与创作类课程，并根据大学生多样化的审美需求设置丰富多彩的审美课程，使学生能充分表达自我的个性，实现美的创造，发展成为自由自觉、人格健全的人。

由于艺术活动可以将个体的审美能力集中体现出来，高校应积极开展各种艺术活动，以此对大学生实施审美教育，提高大学生的审美素养。由于艺术可以表现出人类的审美情况，高校可结合历史经验，将艺术作为实施美育教育的主要手段，通过开展丰富的艺术品欣赏实践与创作实践活动激发学生的审美兴趣，树立端正的审美思想，使学生的审美能力与审美素养有效提高。高校公共艺术类课程可分为艺术鉴赏和艺术创作两大类。其中，艺术鉴赏类课程主要为电影、书法、戏剧欣赏、美术、舞蹈、音乐鉴赏等，此类课程强调引导大学生获得审美情感体验，从而获得健全的艺术感，实现生活质量的飞跃，艺术鉴赏类课程本质上属于"客观世界主观化"过程；另外一类公共艺术类课程——艺术创作类课程属于"主观现实客观化"过程，它要求真正做到将生命与艺术充分结合，从根本上发展大学生的审美创作能力和审美表现能力。这两类公共艺术类课程均为高校选修课，因此选修课的开设应注重从种类、层次与数量方面全面满足大学生的需要。开设公共艺术类选修课程不仅有助于学生学习并掌握丰富的艺术史知识与各门类艺术的基本理论，还有利于学生通过学校的课程学习实践熟练掌握表演与创作两种艺术表现形式。

在实际的教学实践活动中，应严格把控艺术鉴赏课程的教学导向。公共艺术类课程可以为大学生的感知觉器官注入新的活力，使其对周围的世界形成生动、完整的感悟。与此同时，艺术方面的批评与鉴赏应脱离纯思辨的理论推导，在审美鉴赏的具体范围内，围绕着大学生的现实人生与真实生活进行。基础艺术的审美课程不断向各种艺术审美的方向延伸，逐渐发展出系列课程，大学生用多种艺术构建起艺术审美框架，对其中的经典艺术作品进行欣赏，达成艺术欣赏与自身对艺术的想象力、感知力、鉴赏力、肢体协调感与节奏感等的辩证统一，真正体验到艺术的"美"，提高对美的热爱与追求，通过强烈的表达意愿以艺术作品向他人表达自己的思想感情，与他人进行思想与情感的交流互动，从而提高艺术表达能力和艺术创作的能力。这一过程，学生经历了从"自发"到"自觉"的转变，其审美态度将逐渐由被动转变为主动，从观赏艺术发展到创作艺术，将单纯的娱乐活动转变为艺术活动，获得良好的情感体验，提升自身的审美品位、审美能力，塑造正确的审美价值取向和健全的审美人格，提升自身的审美素质，追求更"美"的生活方式。

（三）在其他学科课堂教学中渗透美育教学

高校审美教育要求设有专业的审美体验类课程和审美基础理论课程，要求有专门的美育教师通过这些美育教学课程对学生开展审美教育。而其他学科的教师，如大学语文教师等也需要在授课时向学生渗透审美教育思想，帮助大学生提高自身的审美素养。当今时代，绝大部分高校都将"大学语文"作为一门通识必修课向大学生开放，在编写教材时，将古今中外的优秀文学作品纳入编选范围，通过课堂教学引导学生对这些具有较高审美价值的文学作品进行欣赏，帮助大学生深刻地理解美学理论，获得审美鉴赏领悟。美育的价值不仅可以通过文科类课程体现出来，在体育类、理工科的课程中也同样有所体现，如在化学实验、数学公式以及物理结构中，都含有审美因素。教师担负着审美育人的重要职责，应深度挖掘并充分利用各个方面潜藏的美的资源，将美与教学相结合，以艺术的手法向学生传递，引导学生形成和提高感性感知能力。

在进行普通科目的课程教学活动时，教师可以通过打造融洽和谐的课堂生态调动和唤醒学生的审美需要和艺术学习动机，使其强烈地希望参与到审美体验中，快速进入状态，形成艺术课堂环境下宽松自由的心理条件，全身心地投入审美教学活动中。

前面介绍的两类公共艺术类课程与这些普通教学课程有很大不同，具体区别在于，美育教育的内容比较分散，需要用伴随的方式进行教学，但会对大学生审美素质的形成产生长久的、持续性的影响。美育教学、艺术创作与鉴赏类课程、美育理论课程有不同的教学目标，主要内容也不相同，对审美素养的形成所起到的作用也不同。美育理论可以从方法与理论两个层面为艺术班鉴赏类课程教育提供指导：学生可通过艺术创作与鉴赏类课程获得深刻生动的审美体验，将审美理论知识吸收内化，在美育教学中获得更加持久、丰富的审美体验和审美经验，促使审美素养得到进一步发展。

综上，应遵循循序渐进的基本原则，合理、科学地设置规划美育课程。对此，史密斯指出，教学的进程如同一个循序渐进的连续统一体，从接触、熟悉和感知训练到欣赏代表作和批判分析，整个过程的重点是从中发现和接受艺术作品的审美价值，同时强调讲授方式与对话教学法等。对审美学习的评价，主要侧重评价旨在培养审美感知的图式及其有利条件。① 只有这样，才能更好发挥高校美育课程体系在培养大学生审美素养中的作用。

四、以优良家风为导向，形成三维立体美育合力

教育事业具有系统化、复杂化特征，教育事业需要学校联合政府、社会、家庭共同参与建设。家庭教育不仅是家事，更是国事，成功的家庭教育可以培养出人格健全的下一代，对人才质量的培育至关重要，对中国特色社会主义的发展与建设有重要意义。在当今新媒体时代环境中，家庭教育不仅要面对更加多样化的选择，也要承载更严格的要求，要随着社会的发展及时转变教育观念，培育青少年形成健全的人格和优良的品德，在自然社会生活的基础架构上，建设美好和谐的家庭环境，依据家国情怀，促进正能量、良好积极家风的形成。

（一）以观念转变为动力，培育良好的美德和健全的人格

家庭是组成社会的基本单位，建设幸福和睦的家庭关系有助于维护社会的安定祥和。家庭美育教育奠定着社会与学校美育教育的基础，是培养青少

---

① 列维，史密斯．艺术教育：批评的必要性 [M]．王柯平，译．成都：四川人民出版社，1998.

年学生健全人格和良好品德的源头。要想强化美育的合力，就需要把家庭教育作为重要的切入点着手治理。由于学生家长的受教育程度、家庭背景、家庭教育理念、家庭收入状况等均不相同，尽管大部分家长强烈想要提升自身的教育能力，但在现实生活中仍有很多阻碍。对此，政府可联合教育部门研究推出科学合理的家庭教育指导手册，向学生家长提供有效的教育指导。学生的成长成才离不开家庭的引导教育作用，具有很强的衔接性与延续性，开展家庭美育教育应遵循学生各个成长阶段的规律和特点，使用各种教育办法，与社会、学校共同参与学生的美育教育。

首先，家长应树立端正的教育理念，将教育目标设为培养孩子形成健全的人格和良好的美德。行为以观念为先导，只有转变家庭教育观念，摒弃功利化的、扭曲的教育观念，改变轻体美重智育、以分数为先的教育方式，才能将家庭的美育功能充分发挥出来。家庭教育应将品德培育放在首要位置，促进孩子全面发展，培养德智体美劳全面发展、人格健全、品格高尚的时代新人。

其次，家长应对审美教育有更加正确的了解，对家庭美育具备的作用有深刻的认识，改变以往忽视美育作用的做法与态度。美代表着高度统一的真与善，美育对于人才培养有着不可忽视的作用，它与德智体劳教育之间相互促进，从各个方面共同进行人才的培养。艺术教育无法替代审美教育，相比之下，后者的内涵更为深刻，它不仅能从理论教学与技能提升两个层面提升孩子的审美素质，还强调以多种美育载体与艺术课程深层次地帮助孩子挖掘发现美、感受美、甄别美以及创造美的能力，进一步提升孩子的审美素质，使孩子的心灵产生触动，实现以美育人、以美育心以及以文化人，将孩子培养成具备健全人格和个性全面发展的高素质人才。

最后，家长应坚持终身学习的理念。当今社会，大学生对世界有着越来越深刻的认知，美学理论知识水平越来越高，家长与子女之间逐渐产生越来越明显的沟通代沟甚至障碍，家长对孩子的示范作用和影响也会越来越小。对此，家长应坚持终身学习的观念，吸收随时代、社会发展的新的教育理念，不断提升自身的基础理论知识水平，用端正的审美人生态度面对子女的成长。家长应不断加强自身的审美素养，结合身教与言传两种教育方式，从生活的各个方面提升孩子的审美素养，与孩子互相促进，创造积极的互动反馈效果。

（二）以家国情怀为主题，形成良好的家风

家庭建设历来是中华民族最重视的部分之一，而家庭精神建设的内核就在于家风的构建。在当今新媒体时代，经济文化与科学技术飞速发展，我们必须做到因势而谋，应势而动，顺势而行，紧跟时代发展的脚步，不断对家庭理念进行创新，在时代精神、中华优秀传统文化、社会主义先进文化、家庭美德建设与革命文化的指引下，建设良好的家风文化，争做文明家庭、美德家庭的示范者与践行者。家庭是社会的缩影，家风是社会风气的缩影。家庭为人提供身心歇息的港湾，为心灵提供温暖的归宿。家风对和谐家庭的建设至关重要，家风与个人的成长、发展密切相关，家风决定了人格的发展方向。好的家风会建设出幸福美满的家庭，消极的家风会导致家庭衰落，对社会造成不良影响。良好的家风可以培养出建设国家、发展社会的栋梁人才，积攒建设社会的后备力量。我国数以万计的家庭的优良家风，汇聚结合成文明和谐的社会风气，小家带动大家，深入开展我国社会主义现代化建设。

家庭教育应重视家国情怀的培养，重视优良家风的传承，努力打造家庭中以"爱国爱家、相亲相爱、向上向善、共建共享"为主题的、文明的新家风。身为家长，应将社会主义核心价值观自觉、深刻地融入家风建设中，通过家庭教育帮助孩子养成良好健康的生活习惯、正确的审美观念以及卓越的道德品质，使优良的家风成为孩子一生的指向标，伴随其成长和发展。每个个体的生物特征都是从父母处得来的，而对其思想引导、素质的开蒙也都与家庭氛围的熏陶有很大关系。家庭教育引导孩子学着做人，学着做事。在当今时代，要践行社会主义核心价值观，在社会主义价值观建设的过程中充分发挥家庭教育的作用，培养志存高远的社会主义新型人才，助推中国特色社会主义建设和发展，促进家庭发展，兼顾"大家"与"小家"共同和谐、稳定的发展，引导家庭成员严于律己，形成良好高尚的品德修养，实现人生价值，自觉弘扬中华民族传统美德。

（三）以自然生活为途径，培育良好的审美情趣

家长应将人才培养的目标设立为审美人格的培养，重视身教与言传的结合与统一，充分发挥自身的榜样示范作用，在日常生活中深入影响孩子的成长，认真履行作为家庭主体的引导教育子女的责任。美存在于世界的方方面面，但只有善于发现美的眼睛才能找到美，家长应教育孩子用审美的眼光面

对人生，以积极的审美心态学习和生活，主动挖掘人生的美，提高生活质量与精神品质。

首先，大自然为美育教育提供了丰富多彩的教材。家长应投入更多的时间与精力陪同孩子走近自然，亲近自然，引导孩子亲密接触大自然，用心体验自然的美，进而探索生活的各个方面的美，不断提高感知美的能力。其次，一切的社会关系都围绕着人的本质构建，家长可以通过日常礼仪、生活习俗、穿衣装扮等方面帮助孩子了解社会文化之美，了解人与族群、人与人、人与社会、人与自然之间的关系，不断接受中华优秀传统美德的教育与洗涤，感受人间的真情实意，感受家庭生活中的美好与和谐，从而产生向善向美的审美情感。最后，家长应鼓励孩子积极劳作，认识劳作之美。马克思认为，美可以由劳动创造产生。家长陪同孩子亲自动手操作，体会或重复，或多变，或精细，或粗狂的多样感受，使其形成大脑中的具体认知，获得创造美的经验，将这种主观经验与客观认知之间搭建桥梁，增强孩子的信息，促使孩子积极自觉的创造美。

五、以健全人格为根本，提升大学生个体审美素养

我国古代教育将追求美好高尚的人格，努力塑造完美的人格作为重要指向，而现代教育也将此作为最终的教育目标。要想提高大学生自身的审美素养，不仅要打造美好、适宜的审美环境，以优良的家庭风气为之熏陶，辅以高质量的、科学的审美教育，更需要充分发挥大学生的主体作用，引导其养成积极健康的审美人生态度，不断自觉地参与审美实践，提高自身认知水平，坚持对真善美的执着追求，建设健全的人格，使自身的审美素养不断提高。

（一）形成审美的人生态度

人们因对周围事物及生存环境产生了愉悦的情感，所以对事物及环境产生了认同，这就是审美人生态度。这种愉快的情感发自精神与灵魂，并非发自肉体与物质。审美态度因健康积极的审美情趣而生，并将其作为通往审美人生理想的美好的桥梁。健康积极的审美情趣，可以使人们感受到人生的绚丽多彩，将人们的审美直觉转化成丰富美妙的审美联想，使人们产生美好和谐的审美共鸣。

在新时代环境中，大学生应将理性与感性有机结合，变化功利观念，树

立非理性的、潜在的、非功利性的审美意识。在生活与学习中，大学生应以端正的审美态度和意识，以审美的心境与眼光感受审美对象，欣赏自然之美，欣赏艺术之美，感受社交之美，挖掘和创造更多的美，以乐观积极的心态面对生活中的困难与挑战，以积极的人生态度享受精彩人生。

（二）提高审美认知和实践的自觉性

个人审美素养的形成过程主要表现为"随着人的审美感受的不断丰富，审美情趣和审美创造能力的不断提升，审美经验和审美能力逐渐内化为人的个性的一部分。[①]"审美素养是大学生成长和全面发展过程中的重要内容，要求大学生树立完善美好的人格，达到人文主义与科学主义的统一。基于社会打造审美环境，家庭传承优良家风以及高校进一步发展审美素养教育内涵的情况下，大学生应充分发挥自身的主观能动性，以内因引导外因，不断进行自我教育，积极自觉地提高自身的审美能力与水平。在当今新媒体时代，大学生在微博、微信等自媒体平台中创建了属于自己的私密空间，虽然这个空间相对自由，但大学生也应主动自觉地维护国家统一和民族团结，遵守相关法律法规，以端正的思想和审美的眼光判断、甄别网络中的各种信息，坚持抵制各种不良信息，自觉选择浏览、生产和传播思想积极健康、具有审美价值、传播正能量的各类信息。

另外，大学生应保持学习审美理论知识的热情，积极参加各类审美实践活动，在审美实践中灵活运用审美技能与知识，强化审美理论知识与实践体验的融合程度，不断追求美、创造美，提升自身的审美能力与审美情操，由内向外地接受审美教育的滋养，树立健康积极的审美品格和深厚的审美素养。

（三）展开实践体验，促进交流对话

造成大学生审美素质较低的一个重要原因就是其没有参与足够丰富的审美实践活动。多姿多彩的审美实践活动有利于引导大学生深刻了解审美的意义与重要性。在参与审美实践活动的过程中，大学生通过亲身体验，使自身的感官、情感体验与认识体悟共同构建出审美的"价值世界"和"意义世界"，最终形成良好的审美人生态度。审美实践体验可以使大学生获得超越经验、

[①] 杜卫. 论审美素养及其培养[J]. 教育研究，2014, 35（11）: 24-31.

超越物质、超越理性的、达到精神层面上的、永久的感受和体悟。[①] 高校组织开展各种艺术团体和实践活动，如文学社、演讲会以及读书会等，引导学生通过参与体验真实的艺术审美活动了解和感受艺术的美。在培养大学生审美素养的过程中，大学生的被动欣赏与主动参与有着本质上的不同。大学生只有主动参与到对美的欣赏与创造中，才能真正领悟艺术可参与、可操作的美，而只有亲自动手操作，才能获得对艺术和美的精神的真正的领悟，从而真正步入艺术王国，使自身的审美素养向更高级的形态发展。由此，大学生应积极主动地参加各种各样的审美实践活动，获得更加丰富精彩的审美体验，及时总结审美经验并提高审美理论水平，并以此为重要手段提升自身审美素养。大学生还可以通过反思获得更加深刻的审美认识，进而更好地调整自身的审美行为。

师生之间可以通过对话交流分享彼此的审美经验，以此获得更强大的心理支持。通过对话，教师可以对学生的兴趣有更充分的了解，促使学生的艺术潜能得以进一步激发出来，促进不同的经验、思维之间相互碰撞，诞生大量"生成"的契机，从而丰富学生的艺术经验。培养审美素养的过程从一定角度上看，是一个长期复杂的、系统化的、自我生成的过程，这一过程需要大学生长期与多个对象进行交流对话。可见，对话交流是培养大学生审美素养的重要方法。交流对话不仅能强化学生在美育课堂上与教师、文本、同学、自我之间的思维联系，还可以帮助学生获得美育课堂之外的更加鲜活、广阔的美育经验和生活体验，拓宽学生的思想与眼界，引导大学生获得更加丰富的审美体验，形成多样化的、积极健康的审美价值观。

丰富多彩的审美实践活动是审美教育的重要组成部分，人可以通过艺术欣赏与创造类的艺术审美实践活动、社会生活审美活动以及充满自然生趣的自然审美活动获得审美能力，形成审美素质。培养大学生的审美素养需要社会与自然的多个方面共同参与，需要在整个文化氛围中实现。种类丰富的视觉文化、审美文化和系统复杂的美育渠道，为培养大学生审美素养提供了全方位的支持。

加强大学生之间的交流对话，鼓励大学生积极参与各种审美实践活动，

---

① 石欧，侯静教. 在过程中体验：从新课程改革关注情感体验价值谈起 [J]. 复印报刊资料：中学语文教与学，2003(2)：8-11.

从真实生活中获得审美体验。一方面，有助于大学生在获得感性体验后验证已掌握的美育理论知识，使学习审美理论的效果更加显著。另一方面，通过审美实践可以得到全新的审美体验，满足个体的审美需要，提升个体的审美素质，促进审美个体的身心健康和谐的发展。为此，我们应构建长效的审美实践体验机制，以实践—认知—实践的循环过程提升大学生的审美素养。此外，应灵活采用各种方法、形式进行审美实践活动，树立稳定正确的审美价值观，增强审美主体的审美能力。在开展审美实践活动过程中应对大学生进行科学合理的指导，帮助其在现有审美素养的基础上，与其他同学展开更深入的对话交流，使他们在情感与思想两个层面产生共鸣，从而形成正确的审美观念和审美趣味。人类通过自由创造，以感性表现本质力量，传达人类社会的美，而人类社会中具备育人功能的所有事物都具有一定的审美价值。因此，大学生可以通过实践活动发展自身的审美素养。大学生通过参与审美实践活动深化对审美鉴赏、理论、课程的学习，结合自身爱好兴趣，选择参与审美创造与审美表现活动。通过审美实践活动，大学生可以更好地融入日常生活学习中，将自我教育延伸至审美素养的培养上，获得更充分的动力。展览、校园内的各种高雅艺术活动、艺术社团等课外艺术活动都为大学生欣赏、发现、表现、创造美提供了大量的实践机会。审美实践活动深化和延续了美育课程，不仅能提高大学生的审美热情，使其审美需要得到满足，还对大学生提高和发展审美能力有巨大的帮助，进而引导大学生追求更高品质的审美人生。

参考文献

[1] 王军莉. 寓教于乐, 潜移默化——高校美育实施路径研究 [M]. 北京 : 九州出版社. 2019.

[2] 王英奎. 学校美育 [M]. 沈阳 : 辽宁人民出版社. 2009.

[3] 杜卫. 美育论 [M]. 2 版. 北京 : 教育科学出版社. 2014.

[4] 蔡静俏, 袁仁广. 高校校园文化建设与发展研究 [M]. 长春 : 吉林文史出版社. 2021.

[5] 赵翔, 张博. 高校校园文化建设的多维度探究 [M]. 西安 : 西北工业大学出版社. 2021.

[6] 王炳坤. 高校大学生管理教育与校园文化建设 [M]. 长春 : 吉林出版集团股份有限公司. 2021.

[7] 吴丽斌. 美育与校园文化建设的探索 [J]. 中学课程辅导 (教师教育). 2021(5): 33-34.

[8] 李齐建. 高校校园文化的美育功能研究 [J]. 文存阅刊. 2020(44): 13-14.

[9] 杨维平. 发挥校园文化的美育功能 [J]. 湖北教育 (政务宣传). 2020(7): 43-44.

[10] 李蓉蓉. 大众文化冲击下的校园文化对高校美育的影响 [J]. 动漫先锋. 2021(6): 83-84.

[11] 苏尔. 高校校园文化的美育功能研究 [J]. 文化产业. 2021(28): 87-89.

[12] 姜无双. 美育融入应用型高校校园文化建设探析 [J]. 宁波经济 (三江论坛). 2021(5): 45-48.

[13] 杨双良. 新时代高校校园文化构建中音乐美育的融合方法探究 [J]. 民族音乐. 2020(6): 77-79.

[14] 李悦. 浅析高校校园文化建设 [J]. 佳木斯职业学院学报. 2019(7): 226-227.

[15] 屠傲凌．"互联网＋"时代美育融入高校校园文化建设路径探析 [J]. 科技经济导刊．2019(23): 118–120.

[16] 王婷婷．高校校园文化建设中的美育追求 [J]. 教育科学（全文版）．2017(9): 122.

[17] 于宛冬．音乐美育在高校校园文化建设中的作用 [J]. 长江丛刊．2019(33): 18–19.

[18] 张慧．舞蹈美育在高校校园文化建设中的意义 [J]. 戏剧之家．2017(10): 206.

[19] 潘堪达．浅谈高校校园文化的育人功能 [J]. 高教学刊．2018(20): 163–165.

[20] 高齐．发挥高校校园文化思想政治教育价值的对策思考 [J]. 科技展望．2016,26(7): 340.

[21] 李广赞，王飞．艺术教育作用于高校校园文化建设模式探究——以丽江师范高等专科学校音乐教育专业为例 [J]. 黄河之声．2018(11): 62–63.

[22] 李亚．美育课程改革与高校校园文化建设刍议 [J]. 漯河职业技术学院学报．2015,14(1): 160–161.

[23] 刘艳春，贾立平．高校校园文化的生命价值观教育功能研究 [J]. 高教学刊．2016(8): 29–31.

[24] 李景隆．关于高校校园文化美育功能的思考 [J]. 青海师专学报．2006,26(6): 7–10.

[25] 高清波，宋菲．浅谈高校校园文化的美育功能 [J]. 石家庄职业技术学院学报．2003,15(4): 15–17.

[26] 蔡志奇．高校校园文化的美育功能及其强化 [J]. 广东药学院学报．2006(4): 470–471.

[27] 延凤宇．高校校园文化的特质与构建 [J]. 河北学刊．2006(3): 162–165.

[28] 梁庆东．浅谈音乐教育在高校校园文化建设中的作用 [J]. 音乐大观．2013(21): 163.

[29] 陈国符．合唱艺术与高校校园文化建设 [J]. 桂林师范高等专科学校学报．2001(4): 87–89.

[30] 郑秀英，崔艳娇，苏海佳，等．高校美育：站在新时代的思考与前行 [J]. 北京教育（高教）．2021(11): 32–34.

[31] 王晓睿，田海滨，杜桂萍．高校美育教育的重要性 [J]. 青春岁月．2021(5): 137.

[32] 崔硼，王璐琪，李彬．高校美育学科的价值认识及建设路径探析 [J]. 吉林艺术学院学报．2021,163(4): 93–96.

[33] 朱晶婧，魏颖．高校美育中学生音乐审美素质的提升研究 [J]. 时代报告．

2021(10): 118–119.

[34] 陈迎, 叶霖. 美育融入高校思想政治教育的路径研究 [J]. 新教育时代电子杂志 (学生版). 2021(9): 203.

[35] 叶晓申, 李红雨, 李迷. 专业建设推动下的大学校园美育探索 [J]. 现代交际 . 2021(3): 131–133.

[36] 欧阳玉子. 以美育促进大学生价值观培养的高校美育教育原则、机制及路径研究 [J]. 科教导刊 (电子版). 2019(2): 15–16.

[37] 杨文武, 王爱华. 新时期加强高校校园文化建设的几点思考 [J]. 理论与当代 . 2003(7): 41.

[38] 吴丹妮. 优秀传统文化在高校美育改革中的价值分析 [J]. 今古文创 . 2020(24): 83–84.

[39] 康艳. 高校美育工作的实施途径研究 [J]. 山西能源学院学报 . 2018,31(6): 80–82.

[40] 韩蕾, 陈龙, 张一鸣, 等. 基于美育的高校网络文化育人模式新探索 [J]. 当代教育实践与教学研究 . 2020(13): 29–30.

[41] 王一媛. 以美育德——论高校公共艺术教育的目标 [J]. 戏剧之家 . 2018(8): 140–141.

[42] 张波. 网络文化视阈下的大学生美育问题研究 [J]. 环渤海经济瞭望 . 2020(2): 129–132.

[43] 黄培英. 地方应用型高校美育课程体系构建与实践研究 [J]. 科教导刊 (电子版). 2021(13): 198–199.

[44] 张慧捷. 基于 "互联网 + 大美育" 理念下的新时代高校美育工作提升策略研究 [J]. 时代人物 , 2021(26): 256–257.

[45] 王勇. 高等教育大众化背景下美育策略研究 [J]. 邯郸学院学报 , 2019,29(4): 103–106.

[46] 杨子文, 宋娟. 浅析大众文化视阈下的大学生美育 [J]. 魅力中国 , 2019(17): 167–168.

[47] 王慧敏. 以美育助力高校思想政治工作 [J]. 中国美术教育 , 2020(4): 9–11.

[48] 王小奎. 高校美育教育实践路径研究 [J]. 四川戏剧 , 2020(5): 156–158.

[49] 李晓. 美育背景下高校优秀网络文化作品培育实践性研究 [J]. 时代教育 (中旬), 2021(5): 205–206, 208.

[50] 王一媛 . 以美育德——论高校公共艺术教育的目标 [J]. 戏剧之家 , 2018(8): 140–141, 157.

[51] 姜璐欣 . 浅谈微课对推动美育工作的作用与价值 [J]. 大众文艺 , 2018(5): 219–220.

[52] 李思萦 . 新时代美育思想对高校思政教育的指导 [J]. 大众文艺 , 2021(21): 191–192.

[53] 方雄 . 新时代高校美育建设的价值及路径研究 [J]. 魅力中国 , 2021(41): 214–215.